Rolf Kaufmann

Am Puls der Evolution

Rolf Kaufmann

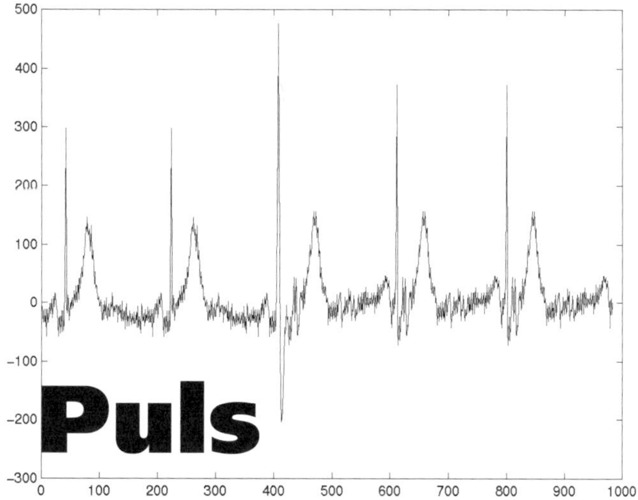

Am Puls der Evolution

Drei Träume von C. G. Jung

opus magnum

Rolf Kaufmann, geb. 1940 in Zürich, ist Theologe, Dipl. Analytischer Psychologe, Meditationslehrer, Erwachsenenbildner, Freitodbegleiter und Dozent am ISAP Zürich, dem Internationalen Seminar für Analytische Psychologie.

Impressum

Die Deutsche Bibliothek verzeichnet diese Publikation in der Deutschen Nationalbibliografie.

Layout, Grafiken und Satz: Paul Jenni, Rudolfstetten
Herstellung: Book on Demand GmbH, Nordstedt
Verlag: opus magnum, Stuttgart (www. opus-magnum. de)
ISBN 978-3-939322-11-5

Das Werk ist als PDF-Datei über http://www. opus-magnum.de abrufbar.

Inhalt

Prolog: Am Puls der Evolution

Der Puls des Herzens lässt sich fühlen, sehen, hören und spüren. Der Puls der Zeit ist nicht so einfach zu bestimmen. Und der Puls der Evolution? Ihn zu ertasten, ist noch schwieriger, aber nicht unmöglich.

Die drei Träume von Jung zeigen nämlich, dass es möglich ist, auch der Evolution den Puls zu fühlen. Sie zeugen vom Einfallsreichtum des Geistes der Natur in uns. Sie zeigen sogar, wie sich die Evolution vorwärts tastet: Die schöpferischen Impulse gehen vom Unbewussten aus. Das Bewusstsein muss sie nur aufgreifen, umsetzen und ins Leben integrieren. Wer mit dem Unbewussten in Kontakt ist, lebt am Puls der Evolution.

Seit einem Jahrhundert erbringt die Psychoanalyse den Nachweis, dass es sich lohnt, auf die Stimme der Natur in sich zu achten. Voraussetzung dazu ist eine Wende nach innen. Wir müssen wieder lernen, die innere Wahrnehmung (in Träumen, Visionen, Eingebungen, Intuitionen, Ahnungen etc.) zu kultivieren. Sie ist der direkte Draht zur Evolution.

Wer der Evolution den Puls fühlt, kann vom uralten Knowhow der Natur im Krisenmanagement profitieren. Die Natur hilft sich im Kampf ums Überleben mit innovativen Schritten. Wer dem Geist der Natur nahe ist, wird kreativ.

Im Licht der Bewusstseinsevolution erscheint die gegenwärtige Krise der Menschheit als Entwicklungsstörung. Altes geht zu Ende; die Zukunft liegt im Nebel. Wir stecken in einem: «Stirb und Werde!»

Das Bewusstsein war für Homo sapiens bisher der entscheidende evolutionäre Vorteil. Wird es ihm nun zum Verhängnis und entpuppt sich als Fehlentwicklung, als missratener Tastversuch der Evolution? Ist das Aufblitzen von Bewusstsein auf der Erde für das Universum bloß wie eine Sternschnuppe am Nachthimmel: ein fantastischer Augenblick, mehr nicht?

Die tiefenpsychologische Diagnose unserer Zeit lautet: «Denaturierung des Bewusstseins.» Der Mensch hat sich der Natur entfremdet, der Natur in und um ihn. Der Diagnose entspricht der Vorschlag zur Therapie: «Renaturierung des Bewusstseins.» Der Königsweg zu einem natürlicheren Leben, der wirtschaftlich, zweckmäßig und wirksam ist, ist das Beachten der Träume; es ist Freuds *via regia*. Wer mit der Natur in und um sich kooperiert, kann den uralten Erfahrungsschatz der Natur anzapfen. Wenn es der Menschheit gelingt, den Schritt ins nächste Zeitalter zu tun, wird aus dem drohenden Untergang ein Übergang.

Die Bewusstseinsevolution peilt einen neuen Äon an. Dieser wird spirituell sein, aber zwischen Religion und Religiosität unterscheiden. Ziel spirituellen Bemühens wird eine religiöse Haltung außerhalb jeglicher Religion sein: «Religiosität ohne Religion» (Obrist).

Jung entdeckte das Fundament des neuen Zeitalters, überblickte aber die Konsequenzen seiner Entdeckungen erst vage. Der Luzerner Arzt Willy Obrist konnte die Früchte in die Scheune einfahren. Der Neurologe G. Gschwend (1990) nennt Obrist den «Darwin der Bewusstseinsevolution». Ich kenne Obrist seit 1975 persönlich; er beeinflusste mein Denken nachhaltig.

Kindertraum: Der Thron in der Unterwelt

«Ungefähr zur selben Zeit erlebte ich meinen ersten Traum, an den ich mich erinnern kann, und der mich sozusagen mein Leben lang beschäftigen sollte. Ich war damals drei oder vier Jahre alt. […]

Im Traum stand ich auf der Wiese hinter dem Pfarrhaus. Dort entdeckte ich plötzlich ein dunkles, rechteckiges, ausgemauertes Loch in der Erde. Ich hatte es noch nie zuvor gesehen. Neugierig trat ich näher und blickte hinunter. Da sah ich eine Steintreppe, die in die Tiefe führte. Zögernd und furchtsam stieg ich hinunter. Unten befand sich eine Türe mit Rundbogen, durch einen grünen Vorhang abgeschlossen. Der Vorhang war groß und schwer, wie aus gewirktem Stoff oder aus Brokat, und es fiel mir auf, dass er sehr reich aussah. Neugierig, was sich dahinter wohl verbergen möge, schob ich ihn beiseite und erblickte einen zirka zehn Meter langen rechteckigen Raum in dämmerigem Licht. Die gewölbte Decke bestand aus Steinen, und auch der Boden war mit Steinfliesen bedeckt. In der Mitte lief ein roter Teppich vom Eingang bis zu einer niedrigen Estrade. Auf dieser stand ein wunderbar reicher goldener Thronsessel; vielleicht lag ein rotes Polster darauf. Der Sessel war prachtvoll, wie im Märchen, ein richtiger Königssessel!

Darauf stand nun etwas. Es war ein riesiges Gebilde, das bis fast an die Decke reichte. Zuerst meinte ich, es sei ein hoher Baumstamm. Der Durchmesser betrug etwa fünfzig bis sechzig Zentimeter und die Höhe etwa vier bis fünf Meter. Das Gebilde war von merkwürdiger Beschaffenheit: Es bestand aus Haut und lebendigem Fleisch, und obendrauf war eine Art rundkegelförmigen Kopfes ohne Gesicht und ohne Haare; nur ganz oben auf dem Scheitel befand sich ein einziges Auge, das unbewegt nach oben blickte. Im Raum war es relativ hell, obschon es keine Fenster und kein Licht hatte. Es herrschte aber über dem Kopf eine gewisse Helligkeit. Das Ding bewegte sich nicht, jedoch hatte ich das Gefühl, als ob es jeden Augenblick wurmartig von seinem Throne herunterkommen und auf mich zu kriechen könnte. Vor Angst war ich wie gelähmt.

In diesem unerträglichen Augenblick hörte ich plötzlich meiner Mutter Stimme wie von außen und oben, welche rief: ‹Ja, schau ihn dir nur an. Das ist der Menschenfresser!› Da bekam ich einen Höllenschrecken und erwachte, schwitzend vor Angst.» (Jaffé, Jung, 1962, S. 18 f.)

Der Traum im Kontext von Jungs Leben

Ein Großer Traum

Jungs Kindertraum von 1879 ist ein Großer Traum; er ist nicht nur von persönlicher, sondern auch von kollektiver Bedeutung. Er zeigte dem Vierjährigen, dass der liebe Gott im Himmel einen ernst zu nehmenden unterirdischen Gegenspieler habe. Für ein Pfarrerskind war das ein schwer verdaulicher Brocken. Im Alter erzählte Jung, der Traum habe ihn beunruhigt, aber auch «in die Geheimnisse der Erde eingeweiht»; damit habe sein «geistiges Leben seinen Anfang genommen»:

> «Von da an hatte ich viele Abende lang Angst einzuschlafen, weil ich fürchtete, ich könnte wieder einen ähnlichen Traum haben. Dieser Traum hat mich Jahre hindurch beschäftigt. [...] Der Phallus scheint ein unterirdischer, nicht zu erwähnender Gott zu sein. Als solcher ist er mir meine ganze Jugend geblieben und hat jeweils angeklungen, wenn vom Herrn Jesus Christus etwas zu emphatisch die Rede war [...] Immer wieder dachte ich an den unterirdischen Gegenspieler als eine von mir nicht gesuchte, schreckliche Offenbarung. [...]
>
> Der ‹Hêr Jesus› kam mir irgendwie als eine Art Totengott vor, [...] unheimlich, weil gekreuzigt und ein blutiger Leichnam. Seine mir stets gepriesene Liebe und Güte erschienen mir heimlich zweifelhaft, besonders darum, weil hauptsächlich Leute mit schwarzen Gehröcken und blank gewichsten Schuhen, die mich immer an Begräbnisse erinnerten, vom ‹lieben Hêr Jesus› sprachen. Es waren die Amtskollegen meines Vaters und acht Onkel – alles Pfarrer. Sie flößten mir viele Jahre lang Angst ein. [...] In den späteren Jahren, bis zur Konfirmation, gab ich mir zwar die größte Mühe, das geforderte positive Verhältnis zu Christus zu erzwingen; aber es wollte mir nie gelingen, mein heimliches Misstrauen zu überwinden. [...]
>
> Für mein Bewusstsein von damals saß erstens einmal der König auf einem goldenen Thron, dann aber, auf einem viel schöneren und viel höheren und goldeneren Thron, weit im blauen Himmel oben, saßen der liebe Gott und der Herr Jesus mit goldenen Kronen und weißen Kleidern. [...]

Im Traum stieg ich hinunter und fand dort ein anderes Wesen auf dem goldenen Thron, unmenschlich und unterweltlich. […] Was sprach damals in mir? […] Durch diesen Kindertraum wurde ich in die Geheimnisse der Erde eingeweiht. […] Damals hat mein geistiges Leben seinen Anfang genommen» (Jaffé, Jung, 1962, S. 19 ff.).

Biografische Hinweise

Vor der Analyse des Traums werfen wir einen Blick auf dessen biografischen Kontext:

Jungs Rufname war zunächst Karl (mit «K»; diese Schreibweise wurde damals üblich; Bair, 2005, S. 31). Karl kam am 26. Juli 1875 im Pfarrhaus von Kesswil am Bodensee zur Welt. Er war ein kräftiger Junge, das erste lebende Kind seiner Mutter Emilie Jung-Preiswerk (1848–1923). In den Jahren 1870, 72 und 73 hatte die Mutter drei Fehlgeburten zu beklagen gehabt. Karls Vater, Johannes Paul Achilles Jung (1842–1896), wollte ihn nicht Paul taufen, wie er selber hieß und wie der Sohn geheißen hatte, der 1873 fünf Tage nach der Geburt verstorben war. Nein, der kräftige Junge sollte *Karl Gustav* heißen, nach dem stadtbekannten, vor zehn Jahren verstorbenen Großvater, Carl Gustav Jung (1794–1864). Dieser war in Basel, obwohl ursprünglich katholisch und deutschstämmig, eine angesehene Persönlichkeit gewesen, Arzt und Professor der Medizin, Vater von dreizehn Kindern, vielseitig begabt, autoritär und geheimnisumwittert. War er auch, wie er bisweilen antönte, ein illegitimer Sohn des Dichterfürsten J. W. von Goethe (1749–1832)?

Mit Fünfundzwanzig, bei seiner Übersiedlung von Basel nach Zürich im Dezember 1900, änderte Jung den Karl in Carl ab und nahm den Gustav fest hinzu. Von da an ließ er sich Carl Gustav nennen und schrieb sich, wie sein Großvater, C. G. Jung. Nach *Bair* war das «ein äußerst wichtiger Schachzug, […] womit er offiziell, endgültig und entschlossen eine geistige Verwandtschaft mit seinem berühmten Vorfahren postulierte» (Bair, 2005, S. 81). Vielleicht wollte er betonen, er sei kein *Nobody*, nicht der, für den man ihn in Basel im Humanistischen Gymnasium gehalten hatte: für den Sohn eines armen Landpfarrers aus Kleinhüningen, der, in schäbigen Kleidern und oft ohne Frühstück im Bauch, täglich fast eine Stunde zur Schule marschieren musste, während andere Schüler, wohl ausstaffiert und verpflegt, in der Kutsche vorfuhren. Doch nun war er Carl Gustav Jung, der Enkel des bekannten Basler Mediziners, vielleicht sogar ein Urenkel Goethes. Zu einem großen Mann gehörte seit jeher ein entsprechender Stammbaum – das Motiv ist archetypisch.

Das Pfarrhaus im Traum ist nicht Karls Geburtshaus in Kesswil; von dort zog die dreiköpfige Pfarrfamilie ein halbes Jahr nach Karls Geburt weg ins malerische Laufen am Rheinfall (gut 50 km in Richtung Basel). Dort begleitete nun das Tosen des berühmten Wasserfalls das Leben im dreigeschossigen Pfarrhaus beim Schloss. Karls Vater hatte sich um die besser bezahlte Stelle beworben, weil er gehofft hatte, der Umzug hole seine Frau aus der Lethargie, in die sie nach den Fehlgeburten gefallen war und die auch die Freude an Karl nicht lange übertönen konnte.

Doch der Umzug brachte keine Besserung, im Gegenteil: Emilies Verstimmungen häuften sich. Dabei dürfte es sich teils um eine endogene Depression gehandelt haben, teils aber auch um die einfühlbare Reaktion auf eine unerfüllte eheliche Beziehung. Emilie war von Anfang an unglücklich als Frau eines einfachen Dorfpfarrers, als die sie ihre mediale Begabung nicht entfalten konnte (im Altertum wäre sie vielleicht als Sibylle an einem Orakel glücklich geworden). Große Pfarrhäuser mit tüchtigen Kindern zu füllen, war nicht ihre Berufung. Sie zog sich zusehends in ihr Schlafzimmer zurück. Am Berufsleben ihres Gemahls nahm sie keinen und an dem ihres Sohnes immer weniger Anteil (Bair, 2005, S. 33). Neben ihren nächtlichen Geister-Erscheinungen war für den Ehemann nun kein Platz mehr im elterlichen Schlafzimmer. Dieser quartierte sich darum bei seinem aufgeweckten Sohn ein und nahm sich dessen an, soweit es ihm die Zeit erlaubte. So erteilte er ihm ab Vier Lateinunterricht, sodass Karl bereits bei seiner Einschulung mit der Sprache der Gebildeten leidlich vertraut war! In den drei Jahren, die die Pfarrfamilie in Laufen verbrachte, schliefen Vater und Sohn im selben Zimmer, und das sollte auch später so bleiben.

Es war aber nicht nur der tosende Wasserfall, der Lärm machte im Pfarrhaus. Es gab auch Krach von Karls Eltern: «Die familiäre Situation spitzte sich zu, als Karl drei bis vier Jahre alt war. Die Einwohner des Dorfes klatschten offen über die Ehe, in der ihr Pfarrer lebte» (Bair, 2005, S. 33). Dieser versuchte zwar, die Streitereien mit seiner Frau zu vertuschen; doch Karl «hörte mit an, wenn die wütende Stimme seines Vaters durch das ganze Haus schallte» (Bair, 2005, S. 33). Sein Vater hatte die Nase voll. Doch der Gedanke an eine Scheidung war damals in einem Pfarrhaus tabu.

Für Karl bedeutete der Vater Zuverlässigkeit, aber auch Ohnmacht. Mit der Mutter assoziierte er hingegen Unzuverlässigkeit (Bair, 2005, S. 35). Sie begab sich zu dieser Zeit nämlich mehrere Male zur Kur in ein Heim bei Basel. Dann sorgten der Vater, die stets überlastete Hausmagd und Bertha Schenk (1856–1932) für den kleinen Karl.

«Tante» Bertha (Bair, 2005, S. 108) war die 23-jährige Tochter des «Hirschen»-Wirts im benachbarten Uhwiesen, eine hübsche, blonde, blauäugige junge Frau (Karls künftige Schwiegermutter). Bertha verehrte Karls Vater, der auch sie gut mochte. Karl bemerkte das und war beunruhigt (Bair, 2005, S. 35). Bertha kam regelmäßig ins Pfarrhaus, um mit Karl zu spielen oder am Rhein zu spazieren. Im Pfarrhaus war sie ein Sonnenschein (Bair, 2005, S. 34). Doch die Liebe zu ihr «weckte in Karl Furchtgefühle wegen verbotener Liebe» (Bair, 2005, S. 108). Vater und Sohn liebten dieselbe Frau – ein ödipales Dreieck. In diese chaotische Zeit fiel Karls Traum.

Über zwanzig Jahre später, als frischgebackener Arzt, besuchte Carl Gustav die ehemalige «Tante» Bertha in ihrer prächtigen Villa bei Schaffhausen. Sie war nun seit zwanzig Jahren verheiratet mit Johannes Rauschenbach, einem sehr reichen Industriellen. Als Jung ihre siebzehnjährige Tochter Emma, die gerade auf ein Ausbildungsjahr in Paris zurückblickte, auf der Treppe stehen sah, durchzuckte ihn die Idee wie ein Blitz: «Sie wird meine Frau!» Und mit Berthas Hilfe wurde der Wunsch Wirklichkeit. Der Sonnenschein kehrte zurück.

Soweit die biografischen Hinweise. Nun folgt die Analyse des Traums.

Abstieg in die Unterwelt

«Im Traum stand ich auf der Wiese hinter dem Pfarrhaus. Dort entdeckte ich plötzlich ein dunkles, rechteckiges, ausgemauertes Loch in der Erde. Ich hatte es noch nie gesehen. Neugierig trat ich näher und blickte hinunter. Da sah ich eine Steintreppe, die in die Tiefe führte. Zögernd und furchtsam stieg ich hinunter.»

Der Traum gewährt Einblick in Karls Psyche.

Das Pfarrhaus symbolisiert deren oberen Pol, die christliche *Persona*, die «schöne» Seite der Persönlichkeit, mit der sich ein Pfarrerssohn der Welt zu zeigen hat. Der Traum spielt sich allerdings nicht im Pfarrhaus ab, sondern draußen im Grünen. Das Thema ist Karls Beziehung zur Natur. Eine heikle Sache! Denn daheim schimpft man über die «Neuheiden», die sich zurzeit breit machen. Das Loch in der Erde symbolisiert den verdrängten unteren, den dunklen Pol in Karls Psyche.

Pfarrhaus und Höhle sind Metaphern für seelische Gegensätze. Sie stellen zwei sich widerstreitende Seelenkräfte dar, mythologisch gesagt, das Reich Christi und Wotans Gefilde. Wie Goethes Faust hat auch Karl «zwei Seelen in der Brust»: eine helle christliche und eine dunkle heidnische. Der Ritus der Taufe hätte den Heiden abwaschen und Karls Neigung zum Höheren stärken sollen. Doch die Mühe war umsonst. Der Heide blieb. Freud: «Das Verdrängte kehrt wieder.»

Ambivalent, neugierig und ängstlich zugleich, nähert sich der Pfarrerssohn der Höhle. Ambivalenz ist der Nährboden für ekklesiogene (kirchlich bewirkte) Neurosen. Etwas hält Karl oben zurück, und etwas drängt ihn, die Steintreppe in die Unterwelt hinab zu steigen. Was ist stärker, die Stimme des Elternhauses oder die Faszination, die vom Dunklen ausgeht? Progressive Neugier und regressive Angst, Neophilie und Neophobie, sind in Karls Brust miteinander im Clinch. Die Neugier obsiegt; Karl ist der Typ des Forschers. Er wagt sich vor ins Unbekannte. Später wird er den heidnischen Keller der christlichen Seele analysieren. Die Psychoanalyse ist für brave Bürger «unchristlich», wie auch die

Evolutionstheorie von Charles Darwin (1809–1882), die zurzeit das gebildete Europa erschüttert.

Der Kindertraum konstelliert in Karls Psyche den Archetyp der *Höllenfahrt*. Jungs lebenslange Beschäftigung mit dem Schatten des Christentums entspricht der mythischen Unterweltsfahrt des Helden, dem *descensus ad inferos*.

Davon berichtet auch das Apostolische Glaubensbekenntnis: «Jesus Christus [...] niedergefahren zur Hölle.» Nach dem Credo weilt Christus aber nur ganz kurze Zeit in der Hölle, genau genommen in der Vorhölle. Bereits am dritten Tag steigt er in einem Geistleib wieder auf die Erde und danach in den Himmel hinauf, von dannen er zum Jüngsten Gericht wiederkommen wird. So schnell wie der Gottessohn wird Jung mit der Hölle nicht fertig werden. Der *descensus ad inferos* wird ihm ein Leben lang zu schaffen machen.

Der König der Unterwelt

«Unten befand sich eine Türe mit Rundbogen, durch einen grünen Vorhang abgeschlossen. Der Vorhang war groß und schwer, wie aus gewirktem Stoff oder aus Brokat, und es fiel mir auf, dass er sehr reich aussah. Neugierig, was sich dahinter wohl verbergen möge, schob ich ihn beiseite und erblickte einen zirka zehn Meter langen rechteckigen Raum in dämmerigem Licht. Die gewölbte Decke bestand aus Steinen, und auch der Boden war mit Steinfliesen bedeckt. In der Mitte lief ein roter Teppich vom Eingang bis zu einer niedrigen Estrade. Auf dieser stand ein wunderbar reicher goldener Thronsessel. [...] Der Sessel war prachtvoll, wie im Märchen, ein richtiger Königssessel!

Auf dem Thron stand etwas, ein riesiges Gebilde, das bis fast an die Decke reichte. Zuerst meinte ich, es sei ein hoher Baumstamm. Der Durchmesser betrug etwa fünfzig bis sechzig Zentimeter und die Höhe etwa vier bis fünf Meter. Das Gebilde war von merkwürdiger Beschaffenheit: Es bestand aus Haut und lebendigem Fleisch, und obendrauf war eine Art rundkegelförmigen Kopfes ohne Gesicht und ohne Haare. Nur ganz oben auf dem Scheitel befand sich ein einziges Auge, das unbewegt nach oben blickte. Im Raum war es relativ hell, obschon es keine Fenster und kein Licht hatte. Es herrschte über dem Kopf eine gewisse Helligkeit. Das Ding bewegte sich nicht, jedoch hatte ich das Gefühl, als ob es jeden Augenblick wurmartig von seinem Thron herunterkommen und auf mich zu kriechen könnte. Vor Angst war ich wie gelähmt.»

Einblick in eine uralte, vormenschliche Welt

Das Tor mit dem kostbaren grünen Vorhang symbolisiert den Übergang vom «Diesseits» ins «Jenseits»: von der bewussten, hellen Oberwelt zur unbewussten, dunklen Unterwelt in Karls Seele. Das Grün verweist auf Wotans Auen, die Naturseite der Psyche. Mutig schiebt Karl den Vorhang beiseite und nimmt Einblick in eine reiche, bisher verdrängte Welt. Der gemauerte Raum zeigt die Dauerhaftigkeit der vormenschlichen Instinkte, die evolutionsgeschichtlich viel älter sind als das bewusste Ich.

Karl begegnet dem uralten, steinreichen Naturgeist in der Tiefe seiner Psyche. Diese Begegnung beeindruckt ihn mehr als fromme Worte über den «lieben Hêr Jesus» im Himmel. Der Herr der Unterwelt residiert auf einem goldenen Thron, zu dem der rote Teppich führt, der vor Karls Füßen beginnt. Eine Einladung, darüber zum Thron zu schreiten [...]

Aber wer residiert denn auf dem goldenen Thron?

Der König der Unterwelt

Auf dem Thron steht ein riesiger erigierter Penis mit einem Auge zuoberst, das unbewegt hinaufblickt zum Licht. Über eine Tonne bringt dieser Koloss auf die Waage! Riesenkräfte richten ihn auf. Was lässt ihn unverwandt emporblicken zum Licht? Was für enorme, uralte Kräfte der Psyche symbolisiert dieser vorzeitliche mythische König?

Er bildet die Sexualität ab. Diese ist weit mehr als nur ein geistloser, mechanisch funktionierender Trieb, den es zu beherrschen gilt. Der Gott auf dem Thron der Unterwelt ist ein Symbol für die kreative Potenz, die natürliche Schöpferkraft in der unbewussten Psyche. Als Unterweltsgott steht er dem Teufel nahe. Da die Christen diesen fürchten, bekommt Karl es mit der Angst zu tun; ja er ist «vor Angst wie gelähmt».

Die Sexualität ist evolutionsgeschichtlich viel älter als das menschliche Bewusstsein, das die Tiefenpsychologie als «Ich» bezeichnet. Neben ihr ist das Ich eine Eintagsfliege.

Nochmals viel älter als die Sexualität ist die kreative Tendenz zur Höherentwicklung, die alles Sein von Anfang an besitzt. Ohne diese Tendenz hätte sich ungeformte Energie nicht zu dem entwickelt, was im Verlauf der Evolution entstand. Die kreative Tendenz bezeichnet Obrist als den *Geistaspekt* des Seins, den die Alten im Jenseits ansiedelten und den wir heute als Teil der Natur verstehen.

Der Riesenpenis, der unverwandt emporblickt zum Licht, symbolisiert die schöpferische Potenz der Natur, die hinauf strebt zum Licht. In der Sprache des Unbewussten bedeutet «Licht» bewusstes Erkennen (man sagt ja: «Nun geht mir ein Licht auf!»). Der König der Unterwelt ist somit ein Abbild des Strebens nach Bewusstheit, das der unbewussten Natur eignet. Er ist mehr als nur ein geistloser Trieb. Er gehört zum Drang der Evolution nach zunehmender Komplexität. Die Sexualität ist eine kreative Macht im Dienst der Evolution.

Evolutionsgeschichtlich entstand die Sexualität zusammen mit dem Tod. Sie wurde nötig, weil die Neuschöpfungen der Evolution infolge ihrer Komplexität störanfällig wurden. Damit drohte der Evolution ein Stopp. Ging es nun nicht mehr weiter hinauf? Die Lösung des Problems brachte die Sexualität; die Fortpflanzung über die Keimbahn garantierte das Überleben des Genoms. Die Generationenfolge förderte die Evolution, denn die Mutationen nahmen zu. Die Sexualität konnte den Tod des Individuums nicht überwinden; aber darum ging es der Evolution auch gar nicht. Hauptsache war, dass die Gene überlebten.

Die Weitergabe des Lebens an die nächste Generation ist seither die Aufgabe der lebenden Generation. Nachdem diese ihre Pflicht getan hat, macht sie der nächsten Platz. Das ist im Sinn der Arterhaltung, die von einem eigenen Instinkt geregelt wird, welcher mit der Sexualität verbunden ist. Der Trieb zur Arterhaltung spornt die alte Generation bei der Aufzucht der Brut an, sich mit ihren besten Kräften für die Nachkommenschaft einzusetzen. Die Hingabe für die Nachkommen sieht auf den ersten Blick aus wie Selbstlosigkeit und Altruismus. Da die Hingabe aber der Zukunft der eigenen Art gilt, ist sie nicht selbstlos. Einen reinen Altruismus gibt es nicht. Unsere aufopfernde Fürsorge und unser Engagement für die menschliche Zukunft wurzeln im Brutpflegetrieb, der viel älter ist als *Homo sapiens*.

Die viel gerühmte «christliche Nächstenliebe» ist darum weder eine typisch christliche noch eine typisch menschliche Errungenschaft. Sie hat ihre Wurzeln im Tierreich und ist fest mit der Sexualität verknüpft. Wenn ein Priester als Seelsorger Nächstenliebe übt, wird er darum stets vom König der Unterwelt begleitet. Dieser hält sich vielleicht diskret im Hintergrund, vielleicht aber auch nicht! Gegen seine Einmischung ist das Sakrament der Priesterweihe machtlos, mit dem die Kirche jene Theologen in den Stand der Auserwählten (des Klerus) erhebt, die ihr als Priester zu dienen geloben.

Jedes Tier sorgt sich im Dienst der Arterhaltung hingebungsvoll um seine Brut. Nur der Mensch ist in der Lage zu denken: «Après moi le déluge!» So instinktlos, dekadent und unnatürlich kann nur die «Krone der Schöpfung» sein.

Die Erfahrung von Verliebtheit, sexueller Vereinigung, Geburt und Tod, Elternschaft und Engagement für die Zukunft heben unser kleines Ich über sich selbst hinaus und betten es ins Größere und Umfassende der Evolution ein. In Lichtblicken überwindet es die Angst vor dem eigenen Tod in der Hingabe an das Leben. Das ahnt wohl der markante Vers im *Lied der Lieder:* «Stark wie der Tod ist die Liebe» (Hoheslied 8_{6}).

Ursprung der Weisheit ist darum nicht nur das Bedenken des Todes, sondern auch die Meditation über die Sexualität. Psalm 90_{12}: «Bedenke dein Ende, damit du weise werdest!» ist um die Sexualität zu ergänzen: «Bedenke deinen Tod und deine Sexualität; so wirst du weise.» Wir müssen nicht nur zerknirscht zur Kenntnis nehmen, dass unser Leben ein Ende hat; nein, wir dürfen uns auch darüber freuen, dass wir dank der Sexualität unser kleines Ich überwinden und in den Dienst der Evolution stellen können. So werden wir zu Mitschöpfern und leben am Puls der Evolution.

Diese *naturwissenschaftlich* begründete Sicht von Sexualität und Tod ist grundverschieden von der *mythischen* Sicht der christlichen Kirche. Diese basiert auf den Mythen von Schöpfung, Paradies und Sündenfall. In der Bibel wird der Tod in erster Linie nicht mit der Sexualität, sondern mit der *Sünd*e verknüpft: «Der Tod ist der Sünde Sold» (Römer $5_{12\,ff.}$), die Folge der Übertretung von Gottes Gebot durch Adam und Eva.

Nach dem Mythos vom Paradies sagte Gott zu Adam: «Vom Baum der Erkenntnis des Guten und des Bösen darfst du nicht essen; sobald du davon issest, muss du sterben» (1. Mose 2_{17}). Trotzdem aßen die beiden von diesem Baum. Danach «gingen ihnen die Augen auf, und sie wurden gewahr, dass sie nackt waren»(1. Mose 3_{7}). Nun folgte ein göttliches Donnerwetter. Wegen der Sünde wurde die Schlange, die Eva verführt hatte, von Gott dem Herrn für alle Zeiten verflucht: «Auf deinem Bauch sollst du kriechen und Staub fressen dein Leben lang, und ich will Feindschaft setzen zwischen dir und dem Weibe und zwischen deinem Nachwuchs und ihrem Nachwuchs» (3_{14-15}). Eva musste fortan ihre Kinder mit Schmerzen gebären und dem Mann untertan sein (3_{16}). Und wegen Adams Sünde verfluchte Gott der Herr das Ackerland: «Mit Mühsal sollst du dich von ihm nähren dein Leben lang. Im Schweiße deines Angesichts sollst du dein Brot essen. Erde bist du, und zur Erde musst du zurück» ($3_{17\,ff.}$).

Danach «erkannte Adam sein Weib Eva, und sie ward schwanger» (4_1).

Der Mythos verknüpft Erkenntnis, Sünde und Sexualität. Um der Sünde willen lastet der Tod auf allem Leben (selbst auf dem von Pflanzen und Tieren!). Alle Menschen werden in Sünde empfangen, und «das Trachten ihres Herzens ist böse von Jugend auf» (8_{21}). Der Mensch erlangt seine ursprüngliche Unsterblichkeit durch das Opfer von Gottes Sohn am Kreuz, aber nicht leiblich, im «Fleisch», sondern seelisch, im «Geist». Die gläubige Seele wird nach dem Tode des sündigen Leibes bei Gott leben. Dann wird der Mensch der sein, als der ihn Gott ursprünglich erschaffen hatte: «Und Gott schuf den Menschen nach seinem Bilde, nach dem Bild Gottes schuf er ihn […]». Dann wird die Frau dem Mann nicht mehr untertan sein!

So weit der biblische Mythos. Erst die intellektuelle und die sexuelle Revolution der Moderne zerstörten diese Jahrtausende alte, tief eingefleischte Verknüpfung von Erkenntnis, Sünde, Sexualität und Tod.

Der archaische Peniskult

Der König der Unterwelt wurde von den Alten im Peniskult verehrt. Der Riesenpenis war von der Steinzeit bis zu den antiken Hochkulturen ein global verbreitetes Kultobjekt.

Im alten Indien wurde die kreative Potenz der Psyche im *linga(m)* dargestellt und angebetet. Dort wohnte *Shiva*, der Schöpfergott (Abbildung 1). Monotheistische Religionen nennen solche Abbilder «primitive Götzen». Damit entwerten sie den Erdpol der Psyche.

Abbildung 1: Lingam

Abbildung 2: Priapus

In der griechisch-römischen Antike begegnete man an Wegkreuzungen den Idolen des Gottes *Priapos,* einer hellenistischen Variante des *Linga(m)* (Abbildung 2).

Das Christentum ersetzte die «heidnischen Götzenbilder» durch das Kreuz, das an das selbstlose Opfer Christi erinnerte, das Gott mit der Welt versöhnte. Mit diesem neuen Symbol wurde das Abendland kultiviert.

Das christliche Kreuz repräsentiert ein Bewusstseinsniveau, auf dem der untere Pol dem höheren geopfert wird. Der «Geist» besiegt das «Fleisch».

Das Kreuz verdrängte die kreative Potenz der Naturgötter (des Erdpols der Psyche) im Namen des *einen,* übernatürlichen Gottes, des höheren, reinen Geistes (des oberen Pols der Psyche).

In einem zeitgemäßen Verständnis ist das Kreuz ein arttypisches Symbol der Ganzheit. Der ans Kreuz genagelte Jesus symbolisiert das im Individuationsprozess ans Selbst gebundene Ich, das diesem dient und dabei heil und ganz wird.

Wie Karl, so verstanden auch die Alten Träume und Visionen *konkretistisch:* Die inneren Bilder zeigten ihnen Mächte, die im Jenseits unabhängig vom Menschen existierten. Diese «Mächte» bildeten sie in sakralen Kultobjekten ab, welche wegen ihrer Beziehung zum Jenseits als *manageladen* (wirkmächtig) galten. Dementsprechend wurden sie – mit einem «Heidenrespekt»! – behandelt. Man traute ihnen Übermenschliches zu; nur schon ihre Berührung konnte heilen oder töten. Wie man damit umzugehen habe, wussten Priester und Schamanen kraft ihres Geheimwissens.

Religionsgeschichtlich gesehen ist der eine Gott im Himmel ein Nachfahr unzähliger jenseitiger Mächte; der monotheistische patriarchale Gott ist ein Epigone erdverbundener matriarchaler Vorfahren. Der Monotheismus entstand erst auf der Basis antiker

Hochkulturen; der neue Glaube ersetzte eine Unzahl althergebrachter religiöser Vorstellungen. Der biblische Monotheismus klärte auf: «Götterbilder sind Nichtse und haben keine Kraft; sie werden von Menschen fabriziert» (2. Mose 20$_{23}$; 2. Könige 19$_{18}$; Jeremia 16$_{20}$)! Psalm 115$_{4-8}$ spottet:

> «Diese Götzen sind totes Silber und Gold, von Menschenhänden gefertigt. Sie haben Mäuler und reden nicht, Augen und sehen nicht. Sie haben Ohren und hören nicht, Nasen und riechen nicht. Sie haben Hände, die nicht greifen und Füße, die nicht gehen können, und kein Laut kommt aus ihrer Kehle.»

Das war die erste religiöse Aufklärung. Diese hatte Jahrhunderte zuvor in Ägypten einen ersten Anlauf mit Echnaton genommen, dem Pharao Amenophis IV. (König von 1364–1347). Danach versandete die Monolatrie (Kult für den einzigen Gott im Himmel) in Ägypten. Sie kam Jahrhunderte später in Israel mit der Reform des Josia von 622 zur Blüte (Vorläufer waren die biblischen Propheten).

Die zweite religiöse Aufklärung ereignete sich in der Neuzeit Europas. Sie lehrte, dass die alten Mythen nicht wahr, sondern «erfunden» seien. Je mehr diese Aufklärung an Boden gewann, desto mehr verlor die Religion an Terrain.

Die dritte und bisher letzte Aufklärung brachte die Tiefenpsychologie. Sie wies nach, dass die jenseitigen Wesen in Wirklichkeit Kräfte der unbewussten menschlichen Psyche sind.

Der Weg des Phallus in den Traum

Wie gelangt der Riesenpenis in Karls Traum? Wohl nicht von außen (etwa durch den Anblick des erigierten väterlichen Penis), sondern eher von innen. Er gehört nämlich zum Arsenal angeborener Bilder. Im Traum, wenn das Ich nach innen blickt, sehen wir das angeborene Bild mit dem «inneren Auge», wie in einem Film. Der Schöpfer des Bildes ist nicht das Ich, der subjektive Geist, sondern die Natur, der objektive Geist. Der mythische König der Unterwelt zeigt sich Karl im Traum.

Der Penis, Ursymbol des Männlichen, ist im Traum im Urweiblichen enthalten, so wie Karl psychisch noch in der Großen Mutter enthalten ist. Die Atmosphäre des Traums ist matriarchal: Der Thron steht im Innern der Erde. Männliches und Weibliches bilden eine *uroborische Unio* (Neumann), eine Ursprungs-Einheit. Die Szene erinnert an prähistorische Zeiten; sie zeigt einen archaischen Ausschnitt aus Karls Psyche.

Zuerst hielt Karl den Penis für einen Baumstamm. Bäume gehören zum vegetativen Bereich der Natur, der dem Menschen als Warmblüter ferner liegt als Fleisch und Blut. Die Deutung des Phallus als eines Baumstammes ist eine Abwehr der Sexualität.

Der Penis konfrontiert den Vierjährigen mit seiner Sexualität. Wie sein Vater, so ist auch Karl verliebt in Bertha, den Sonnenschein. Im Pfarrhaus konstellierte sich nun ein ödipales Dreieck: Vater und Sohn lieben dieselbe Frau. Die beiden sind auf Kollisionskurs zum «sexten» Gebot. Prompt bekommt Karl Schuldgefühle. Andererseits macht er die tröstliche Erfahrung, dass der Verlust der Mutter kein Grund zur Panik ist; denn die Sonne scheint auch außerhalb der Familie, und erst noch schöner (ein solches *Skript* in der frühkindlichen Psyche hemmt allerdings die Entwicklung der Fähigkeit zu ehelicher Treue) …

Dass sich der Vater, mit 37 voll im Saft, in Bertha verliebt, ist leicht verständlich. Was aber hat die Liebe eines Vierjährigen mit Sexualität zu tun? Nach der Erkenntnis der Entwicklungspsychologie wird die männliche Sexualität in der ödipalen Phase erstmals belebt. Während der Latenzphase stagniert dann die sexuelle Entwicklung, besonders bei intellektuell veranlagten Knaben wie Karl (die psychische Energie fließt nun mehrheitlich in den Intellekt). In der Pubertät erwacht sie schließlich definitiv aus ihrem Dornröschenschlaf und überschwemmt fortan das Bewusstsein des Mannes mit faszinierenden erotischen Bildern. Karls Traum zeigt das Erwachen seiner Sexualität an.

Dieses Erwachen wird stimuliert durch die unerfüllte Sexualität des Vaters, der mit Karl im selben Zimmer schläft. Vielleicht wälzt sich der Vater nachts in sexuellen Nöten im Bett und stöhnt im Traum? Jedenfalls herrscht im Schlafzimmer «dicke Luft».

Das entgeht dem sensiblen Kind nicht, und auch Karl wird unruhig. Der Traum zeigt ihm, woher das Übel kommt: von der hinter dem Pfarrhaus vergrabenen Sexualität.

Diese erwacht nun, und das macht Angst. Die häusliche Situation mutet Karl Einiges zu.

Zweierlei Licht

«Oben auf dem Scheitel befand sich ein einziges Auge, das unbewegt nach oben blickte. Im Raum war es relativ hell, obwohl es keine Fenster und kein Licht hatte. Über dem Kopf herrschte eine gewisse Helligkeit.»

Obwohl das Sonnenlicht nicht bis in die Höhle hinab dringt, ist es darin nicht dunkel. Es ist wie in der Tiefsee, die kein Sonnenstrahl erreicht und die dennoch nicht durchwegs finster ist. Was unten aufscheint, ist ein anderes Licht als das der Sonne. In Karls Traum erhellt nicht der bewusste menschliche Geist, sondern der Naturgeist die Höhle.

Der Prozess der Evolution ist nach dem Verhaltensforscher *Konrad Lorenz* (1903–89) ein kontinuierlicher Aufbau von Wissen, zunächst von Naturwissen, beim Menschen zusätzlich von Kulturwissen. «Wissen» heißt in der Bildersprache des Unbewussten «Licht». Aus dieser Perspektive ist die gesamte Evolution eine *Entwicklung zum Licht.*

Daran nimmt auch der Sexualtrieb teil, der den Alten als ein Gott, ein Erdgeist, erschien. Sexualität und Wissen waren am Anfang noch nicht getrennt; der mythische Penis hält ja unverwandt Ausschau nach Licht. Erst die monotheistische Leibfeindlichkeit trennte Geist und Sexualität. Der Monotheismus duldete nur den oberen, himmlischen Geist und sprach den erdverbundenen Trieben den Geist ab. In Wirklichkeit haben diese aber auch Geist; dieser ist ist nur anders: Das Unterweltslicht ist schummrig, wie Mondlicht.

Als solches beschrieben die Alchemisten das «Licht der Natur». Dieses nannten sie *lumen naturale;* sie verglichen es mit dem Mondlicht, den Menschengeist hingegen mit dem Sonnenlicht. In der Morgendämmerung des Bewusstseins, im matriarchalen

Äon, lebte der Mensch *lunar* (mondhaft), eingebettet ins Kollektiv und die Instinkte. Nur ganz langsam erwachte das bewusste, *solar* geprägte Ich. Ein Entwicklungsschub ereignete sich in den antiken Hochkulturen während der Achsenzeit (7. –5. Jh.; Jaspers). Damals begann unter Gebildeten der patriarchale Äon mit seiner solaren (rationalen) Einstellung.

Von dieser Entwicklung wurde das Gros der Bevölkerung damals noch nicht erfasst; deren Bewusstsein blieb bis in die Neuzeit Europas hinein überwiegend lunar. Erst die europäische Aufklärung brachte dem Volk mit der Allgemeinbildung eine mehr solare Einstellung.

Wie sich in der Natur Sonne und Mond ergänzen, so sollten auch beim Menschen der lunare (unbewusste, instinktive, objektive) und der solare (bewusste, rationale, subjektive) Geist miteinander kooperieren. Unsere gigantischen Umweltprobleme und zahllosen psychosomatischen Übel zeigen, dass es um die Kooperation beider schlecht bestellt ist. Ihr Auseinanderdriften hat verheerende Auswirkungen.

Jung dachte immer wieder über die Beziehung zwischen dem lunaren Naturgeist und dem solaren Menschengeist nach. Er versuchte, den oberen und den unteren Geist in seinem Leben zusammenzubringen. Wie weit ihm diese «Vereinigung der Gegensätze» *(coniunctio oppositorum)* gelang, erörtert das nächste Kapitel.

Die Integration des Königs der Unterwelt

Bei Karl daheim wurde die Sexualität totgeschwiegen; auch in der Mittel- und Hochschule fristete sie ein Schattendasein. Man lebte kopflastig. Das heißt nicht, dass der mächtige Herr der Unterwelt nicht Mittel und Wege gefunden hätte, sich durchzusetzen. Doch wem sein Ruf etwas wert war, der hütete sich, ihm öffentlich Reverenz zu erweisen.

Wie konnte Karl unter diesen Umständen lernen, ganzheitlich zu leben und seine Sexualität zu integrieren? Das war in der Tat alles andere als einfach; der Weg von der kirchlichen bis zur tiefenpsychologischen Prägung seines Bewusstseins war weit.

Die Assimilierung des psychischen Erdpols begann bei Karl im Kopf: In der Pubertät und Adoleszenz löste er sich innerlich zusehends vom Vater und der Kirche und fasste ein naturwissenschaftliches Studium ins Auge. Das Reich der Natur faszinierte ihn zusehends mehr als das der Himmel. Das war der Anfang der Integration der Sexualität. An diesem Interessenwandel war insgeheim natürlich auch der Herr der Unterwelt beteiligt.

Mit Schülerinnen oder Studentinnen ließ sich Karl aber bis zum Schluss seiner Ausbildung nie auf erotische Affären ein. Kopflastig investierte er seine Libido in seine Berufskarriere und wurde in Zürich in kurzer Zeit Oberarzt am «Burghölzli», das unter Eugen Bleuler (1857–1939) Weltruf genoss. Er war ehrgeizig; in der Klinik wurde gemunkelt: «Wer ist hier eigentlich der Chef, Dr. Bleuler oder Jung?» Bereits mit Dreißig hielt er sehr gut besuchte Vorlesungen an der Universität über medizinische Psychologie. Dass er als Basler in Zürich einen Namen erhielt, war damals nicht selbstverständlich.

Entscheidend für die Integration der Sexualität in sein Menschenbild war seine Begegnung mit Freud (1856–1939). Freud war Neurologe. Als Erster wies er die überragende Stellung der Sexualität in der Psyche nach. Als Rationalist sprach er wissenschaftlich distanziert. In seinen Augen war die Sexualität nicht ein Gott, sondern ein Trieb, mit dem der Mensch lernen musste, vernünftig umzugehen.

1903 heiratete Jung Emma Rauschenbach, die Tochter von «Tante» Bertha. Seine finanziellen Sorgen hatten nun ein Ende. Das Ehepaar baute sich eine Villa am Zürichsee und hinterließ der Nachwelt fünf Kinder und zahlreiche Enkel. Nun gehörte die Sexualität auch leiblich dazu. Doch die Ehe schien dem König der Unterwelt noch nicht zu genügen. Denn Jung pflegte auch eine jahrzehntelange außereheliche Beziehung zu Toni Wolff:

Toni Wolff, geb. 1888, war die älteste, intelligente Tochter einer angesehenen Zürcher Familie. Als sie Jung kennenlernte, war sie zweiundzwanzig und studierte frei an der Universität Zürich. Kurz zuvor hatte sie ein Schicksalsschlag getroffen: Sie hatte unvermittelt ihren geliebten Vater und danach ihren Freund, den hochbegabten Dichterpfarrer William Wolfensberger, verloren. Diesen doppelten Verlust konnte sie nicht verkraften und fiel in eine schwere, nicht enden wollende Depression. Die Familie versuchte alles, Toni über ihren Schmerz hinwegzuhelfen; an finanziellen Mitteln fehlte es nicht. Schließlich, auf Anraten von Freundinnen, brachte die Mutter sie Mitte 1910 zu Jung in die Therapie. Jung war damals fünfunddreißig, Vater mehrerer Kinder.

Die psychoanalytische Kur hatte Erfolg; Toni fand den Weg ins Leben zurück. Es gelang Jung sogar, die vielseitig interessierte junge Frau für die Tiefenpsychologie zu begeistern. Das gab ihrem Leben einen neuen Sinn: Sie half Jung nun beim Ausbau seiner Psychologie.

Jungs Ehefrau Emma, damals achtundzwanzig, «sah in Toni nur eine wohlhabende und wichtige Patientin der wünschenswerten Art, ein junges Mädchen, das von ihrem Mann so erfolgreich behandelt wurde, dass sein Ruhm innerhalb der besten Kreise Zürichs noch heller erstrahlen würde. Das war für die junge Mutter, die immer daran dachte, wie ihre vier heranwachsenden Kinder in Zukunft einmal in diesen Kreisen aufgenommen würden, von großer Bedeutung. Emma war daher erfreut, als Toni großes Interesse für die Psychoanalyse zeigte und ihre Mutter sogar um die Erlaubnis bat, als Gast von Herrn Dr. Jung an der psychoanalytischen Konferenz in Weimar (1911) teilnehmen zu dürfen. Toni erhielt die mütterliche Erlaubnis dazu, da ja auch noch Jungs verlässliche junge Gattin als Anstandsdame dabei sein und darauf achten würde, dass sich nichts Unziemliches zutrage» (Bair, 2005, S. 285).

Jung stellte Toni Wolff Freud als seine «neue Entdeckung» vor und pries ihm ihre «ausgezeichnete Einfühlung ins Philosophisch-Religiöse». Letzteres war dem dezidierten Atheisten nicht sympathisch. Doch für Jung wurde Toni zur *femme inspiratrice,* sogar zu seiner «inoffiziellen Therapeutin» (Bair, 2005, S. 417). Sie war die erste, der Jung den Inhalt seines «Roten Buches» anvertraute, worin er seine Aktiven Imaginationen festhielt. Dieses Buch wollte er nicht veröffentlichen, «weil er damit die Katze aus dem Sack lassen würde» (Bair, 2005, S. 417; es erschien erst im Herbst 2009). «Toni half ihm auch, einige wichtige Begriffe seines analytischen Systems zu bestimmen, zu definieren und sogar zu benennen» (z. B. Animus, Anima, Persona; Bair, 2005, S. 418).

Die Beziehung zwischen Jung und Toni Wolff schien anfänglich mit dem König der Unterwelt nichts zu tun zu haben (dieser selbst dürfte allerdings anderer Ansicht gewesen sein!). Doch nach einigen Jahren waren sämtliche Barrieren zwischen ihnen beseitigt, «sowohl in beruflicher wie in erotischer Hinsicht, und Toni war im Haushalt der Jungs ständig präsent. Sie war es, die sich von ihm alle seine Visionen, Träume und Phantasien erzählen ließ und ihm in jeder Hinsicht dienlich war» (Bair, 2005, S. 417).

Jungs Familie nahm das alles nicht einfach hin: «Die Kinder der Jungs waren jetzt alt genug, um Ressentiments ihr gegenüber zu entwickeln und böse auf sie zu sein. Sie sahen ihren Vater ohnehin selten genug; jetzt schien er sich auch noch ständig mit der fremden Frau in seinem Arbeitszimmer zu verschanzen, und noch nicht einmal ihre Mutter wagte es offenbar, in diese Zweisamkeit einzudringen. Die Atmosphäre im großen Haus an der Seestrasse lud sich auf; die Spannungen, die zwischen den Eheleuten herrschten, übertrugen sich auch auf ihre Kinder. Die drei älteren hörten mit an, wie die Leute über das Verhalten ihres Vaters tuschelten. Noch Jahrzehnte später, wenn Jung in den Psychologischen Club schritt, hing Toni Wolff immer an seinem einen Arm, während Emma, ganz bedrückt, den andern umklammert hielt» (Bair, 2005, S. 418).

Doch gegen Jungs Autorität kam niemand an! Das großväterliche Erbe schlug nun durch. Jung war oft zu Gast bei Wolffs. Toni wohnte stets bei ihrer Mutter. Diese war arg im Clinch: Einerseits begriff sie ihre Tochter, die Jung ihr leibliches Leben und ihre geistige Entfaltung verdankte; andererseits hatte Tonis Mutter lebhaft Mitgefühl mit Jungs Frau und Kindern. «Jung begann, jeden Mittwochnachmittag in dem großen Haus an der Freie-Straße zu verbringen. In den Jahren, in denen Autos auf den Straßen Zürichs noch selten waren, fand man beinahe überall einen Parkplatz. Jung stellte aber sein Auto, für alle sichtbar, direkt vor dem Haus ab, da er offiziell zu dem festlichen Essen geladen war, das Frau Wolff mittwochs gab; er blieb fast immer so lange, dass er mit ihr und Toni auch noch ein kleines intimes Abendessen einnehmen konnte. [...] Nach dem Essen verbrachten Jung und Toni den Nachmittag meistens in Tonis Privaträumen.» [...] Während der Mittagstafel hielt Jung Hof: «Er dominierte aufgrund der Autorität seiner Präsenz, aber nicht auf unhöfliche oder herrische Weise. Er gehörte dazu, weil er mit der gesamten Familie Wolff befreundet war» (Bair, 2005, S. 380).

Nun saß er auf dem Thron seines Kindertraums. Den königlichen roten Teppich von damals, der vor seinen Augen begann und zum goldenen Thron führte, legten seine Anhänger vor ihm aus, und er beschritt ihn aufrecht und voller Selbstbewusstsein. Der Gekreuzigte war längst verblasst und fern gerückt; vom Geist des elterlichen Pfarrhauses war kaum mehr etwas zu spüren. Der König der Unterwelt war integriert.

Eine Dreiecksbeziehung gab es auch bei Freud in Wien. Dessen Nebenfrau (die Schwägerin!) lebte ganz in seinem Haushalt. Freud und Jung, die Väter der Psychoanalyse, erinnern in diesem Punkt an biblische Patriarchen. Von diesen unterscheidet sie aber, dass sie mit ihren Nebenfrauen keine Kinder zeugten.

Zur Integration des Königs der Unterwelt gehörte auch, dass Jung mit Hingabe Fleisch am Feuer briet. Und zum Essen gab es stets einen guten Tropfen. Dionysos, der Gott schöpferischer Begeisterung, war mit von der Partie.

Ein Blick auf Jungs Beziehung zu Sabina Spielrein:

Jung, damals frisch und glücklich verheiratet, therapierte Sabina Spielrein ab 1905 als Oberarzt am «Burghölzli». Spielrein gab wiederholt zum besten, sie unterhalte mit Jung «ein intimes Verhältnis». Wahr daran war, dass die gegenseitige Beziehung zweifellos intensiv war. Spielreins schwere Hysterie, die seit sechs Jahren hartnäckig allen Therapien getrotzt hatte, war nur durch eine massive Übertragung zu heilen. Dass sich bei Jung mit der Zeit eine Gegenübertragung einstellte, ist nicht zu leugnen. Spielrein, aus gut betuchtem russischem Haus, war vor ihrem Aufenthalt im Burghölzli von psychiatrischen Koryphäen als unheilbar taxiert worden. Doch Jung brachte sie ins Leben zurück. Sie absolvierte nun ein Medizinstudium und wurde eine Kindertherapeutin von internationalem Ruf.

Ob die beiden die Wucht der durch die Therapie entfesselten Gefühle sexuell auslebten oder sich mit Fantasien begnügten, ist wohl nicht mehr auszumachen. Was therapeutisch wirkte, war die intensive Beziehung. Diese war feuriger Natur: Jungs Äskulapstab brannte, und Spielrein brannte darauf, mit Jungs Heilstab in Berührung zu kommen. Heilstab und Penis klar auseinanderzuhalten, war aber nicht einfach! Der Archetyp des Asklepios, des großen Heilers der griechischen Antike, war in Jung konstelliert, seit er seine eigene ekklesiogene Neurose aufarbeitete und den kreativen Herrn der Unterwelt in sein Leben integrierte. Dieser Prozess, der damals begann, machte Jung zum *geheilten Heiler.*

Labsal für Spielreins liebeshungriges Herz war Jungs ganzheitliche Ausstrahlung, seine Vitalität und Kreativität, sein inneres Verständnis und die herzliche, persönliche Anteilnahme. Jung und Spielrein arbeiteten am selben Problem, aber mit dem Unterschied, dass Jung seiner Patientin um einige Schritte voraus war. Beide mussten nachholen, was ihnen ihre Kindheit vorenthalten hatte: die Integration des Erdpol der Psyche. Das verband sie. Spielrein projizierte ihr Selbst auf Jung. Dieser wurde ihr dadurch Therapeut und Geliebter in einem. Sie fantasierte, ihn sich einverleiben zu müssen, um gesund zu werden. Was Jung auf Spielrein projizierte, ist unklar. Belegt ist nur, dass Jung am Anfang der Therapie eine angemessene Distanz einhielt.

1905 gab es noch keine obligatorische Supervision, und von Übertragung und Gegenübertragung, zwei Pfeilern der heutigen Psychotherapie, war auch noch nicht die Rede. Von einem Herrn Doktor wurde einfach erwartet, dass er die Sache im Griff habe. Was auch immer geschah: Die beiden hatten Glück, zwischen den Felsen der Skylla und Charybdis hindurch segeln zu können. Die Therapie half.

Ins Kapitel von Jungs außerehelichen Beziehungen gehört am Rande auch sein Erfolg bei vielen Damen der High Society. Der kräftig gebaute, gut aussehende und renommierte Psychiater ließ sich für seine geistsprühenden Vorträge gerne bewundern. So kam er ins Gerede, ein Schürzenjäger zu sein: «Solche Gerüchte erhielten neue Nahrung, als einige der Damen aus der ‹Pelzmantel-Fraktion› anfingen, den Herrn Professor einzuladen, sich an den Diskussionen zu beteiligen, zu denen sie sich bei sich daheim trafen. An der Universität war Jung vor und nach jeder Vorlesung von ganzen Trauben von Frauen umgeben, und mehrere von ihnen traten jetzt in Konkurrenz zueinander, um ihn zu einer privaten Beratung in ihr Haus zu locken. Niemand in der Klinik wagte es, Emma Jung deswegen aufzuziehen, ebenso wenig wegen des Stroms von ständig wechselnden russischen und deutschen Medizinstudentinnen, die ähnliche Tête-à-têtes wie Sabina Spielrein gewährt bekommen wollten, um dann behaupten zu können, dass auch zwischen ihnen und Jung ein Verhältnis wechselseitiger Anziehung bestehe» (Bair, 2005, S. 159).

Für Jungs Ehefrau war das sehr unangenehm; sie liebte ihren Mann von ganzem Herzen. Wegen Toni Wolff drohte sie ihm nun mit der Scheidung, und Jung wusste, dass das keine leeren Worte waren. Er wollte Emma auf keinen Fall verlieren. Die Integration des Königs der Unterwelt brachte ihn in arge Schwierigkeiten.

Warum faszinierte Jung so viele gebildete Frauen?

Orthodoxe Freudianer sehen darin eine hysterische Schwärmerei von Weibern mit unerfülltem Sexualleben. Dass in dieser Diagnose ein Körnchen Wahrheit steckt, soll nicht bestritten werden; insgesamt geht sie jedoch am Wesentlichen vorbei.

Meines Erachtens ging es diesen gebildeten Frauen nicht nur um Sex, sondern vor allem um einen ganzheitlichen Geist, um eine Synthese zwischen lunaren und solarem Denken. Sie hatten genug von den verstaubten Professoren, deren Denken in schwindelerregender Höhe umher kurvte; Jung war geerdet und dachte ganzheitlich. Es war also, bildlich gesagt, Jungs Geist-Penis, der sie in Erregung brachte. Jung war kein reiner, sondern ein unreiner Denker. Das dürfte viele fasziniert haben (übrigens gibt es heute noch wesentlich mehr Jungsche Analytikerinnen als Analytiker). Waren nicht oft Neid und Missgunst der wahre

Grund hinter dem Gespött über die «Pelzmantel-Fraktion»? Jung war erfolgreich, nicht zuletzt mithilfe des Königs der Unterwelt. Dieser gewährte ihm seine Unterstützung, weil Jung ihn mitleben ließ.

Zum Schluss dieses Kapitels weise ich auf einen weiteren heiklen Punkt hin: auf Jungs Beziehung zum Naziregime.

Tiefenpsychologisch gesehen ist die Blut- und Boden-Ideologie ein missratener Versuch, den verdrängten Erdpol ins Leben zurückzuholen. Um dessen Integration ging es auch Jung. Das war der Berührungspunkt zwischen Jung und dem Dritten Reich. Da Jung kein Jude war wie Freud, schätzten ihn die Nazis positiv ein und wollten ihn für sich einspannen.

Was Jung und das Naziregime trennte, war das Niveau des Bewusstseins. Während sich Jung *persönlich* bemühte, den Schatten in sein Leben zu integrieren, ließen sich die Nazis *kollektiv* in den Schatten hinein fallen. Ihr Ich löste sich im Kollektiv auf. Dem gegenüber hatte Jung eine von seinem Ich unabhängige innere Korrekturinstanz: den objektiven Geist seines Unbewussten, der sich ihm in seinen Träumen, Visionen, Intuitionen, Ahnungen und Gefühlen offenbarte. Diese objektive Korrekturinstanz nahm er bei der täglichen Gewissensprüfung ernst. Die Nazis hingegen hatten nur ihre Kollektiv-Ideologie. Vor dieser verantworteten sie sich gewissenhaft. Sie waren nicht gewissenlos; sie hatten nur einen andern Gott. Anstelle der objektiven Korrekturinstanz im eigenen Innern stand bei ihnen der Führer.

Bildlich gesagt: Anstatt zu versuchen, den Garten individuell und maßvoll mit Jauche zu düngen, sprangen sie wie *ein* Mann in die Jauchegrube hinab. Sie vermassten; das individuelle Ich wurde zum kollektiven Massen-Ich. Als Gleichgeschaltete freuten sie sich über das Bad im warmen Dung; in ihrem Freudentaumel sahen sie das Tausendjährige Reich vor sich. «Jede Lust will Ewigkeit» (Nietzsche)! Leider wurde ihr individuelles Ich nicht am Morgen nach der Kristallnacht wach gerüttelt, sondern erst zwölf Jahre später, als der Kollektiv-Spuk vorbei war.

Als Tiefenpsychologe erkannte Jung, dass die Nazis den Kulturschatten nicht individuell integrierten, sondern kollektiv auslebten. Wann ihm der Groschen fiel, ist mir nicht bekannt. Seit 1930 war er Ehrenvorsitzender der «Deutschen Ärztlichen Gesellschaft für Psychotherapie» und seit 1933 Präsident der «Internationalen Allgemeinen Ärztlichen Gesellschaft für Psychotherapie»; er hatte von Amtes wegen mit dem Naziregime zu tun. Das war eine schwierige Gratwanderung.

Wichtiger als die Frage nach Jungs Schuld scheint mir die tiefenpsychologische Aufarbeitung des Dritten Reichs zu sein.

Dass das zerbombte Deutschland nicht imstande war, das Problem der Schattenintegration tiefenpsychologisch anzupacken, versteht sich von selbst. Inzwischen ist aber viel Zeit ins Land gegangen, und es sollte langsam möglich werden, die Katastrophe des Dritten Reichs sachlich aufzuarbeiten.

Als Deutschland am Boden lag, verfiel es reumütig der *regressiven Wiederherstellung der Persona:* Es wollte wieder eine *christliche* Nation werden. Das war, tiefenpsychologisch beurteilt, ein Kapitalfehler. Die regressive Wiederherstellung der Persona hatte verheerende Folgen; denn anstatt einer Weiterentwicklung des Bewusstseins fand eine Regression statt. Der Schatten des Christentums wurde nicht integriert, sondern verdrängt. Was nur entfernt an das Dritte Reich erinnerte, war jetzt vom Teufel. Am Tausendjährigen Reich wurde kein guter Faden gelassen. Beispiele sind die Aktive Sterbehilfe und die Freitodbegleitung, die strikte verboten sind, weil sie an die «Euthanasie» der Hitlerzeit erinnern. Umfragen zeigen aber, dass eine große Mehrheit des Volkes die Patientenrechte, die in Deutschland immer noch minimal sind, ausbauen möchte. Dieser Demokratisierungsprozess wird mit dem irrationalen Argument abgeblockt, das wäre ein Rückfall in die Nazizeit.

So wird das Kind mitsamt dem Bade ausgeleert. Deutschland wollte eigentlich den Schatten integrieren. Weil es aber in den Schatten hinein fiel, missriet der Versuch gründlich. Nachher schwor man sich, wieder brav zu sein und das Experiment nie mehr zu wiederholen.

Jeder Tiefenpsychologe kennt dieses Verhaltensmuster der *regressiven Wiederherstellung der Persona* aus seiner Praxis: Nach dem Malheur will man wieder mit einer weißen Weste dastehen. Doch so einfach lässt sich die Schattenintegration nicht bewerkstelligen; wir müssen endlich lernen, dem Schatten ins Auge zu blicken und den Balken im eigenen Auge wahrzunehmen (Matthäus 7,3)! Wer einen Bogen ums Feuer macht, lernt nie, mit dem Feuer umzugehen. Den Schatten kann nur verwandeln, wer ihn wahrnimmt und individuell zu integrieren versucht. Dabei verliert jeder seine weiße Weste.

Sich von der Fixierung auf die Persona zu lösen, ist seelische Schwerarbeit; es ist ein Weg nach innen.

Eine Parallele

Der folgende Traum meiner Frau variiert das Thema von Karls Kindertraum. Er ist das Resultat eines jahrzehntelangen, tiefenpsychologisch begleiteten Bemühens um die Integration des Schattens, um den bewussten Ausgleich zwischen dem oberen und dem unteren Pol der Psyche. Uschi träumte mit Siebzig:

«Ich wandere durch eine karge Ebene, die mich biblisch anmutet. Es gibt hier nur Sand, Felsbrocken und dürre Büsche. Vor mir ragt ein massiver Berg empor, an dessen Fuß ich mich mit dem Teufel treffen soll. Dort sehe ich aber weit und breit keinen Teufel. Der Himmel ist bedeckt, es herrscht diffuses Licht; die Luft ist feucht-heiß. Totenstille. Ich warte ruhig. Ich kenne den Grund unserer Begegnung nicht.

Plötzlich steht der Teufel neben mir, wie üblich weltmännisch gekleidet, diesmal dunkelgrau. Er begrüßt mich sehr freundlich. Auf seinem linken Unterarm trägt er feierlich ein langes, weißes Kleidungsstück mit einem goldenen Gurt. Ich kenne dieses und wundere mich sehr darüber, sage aber nichts. Der Teufel durchschaut mich sofort, schweigt aber gleichfalls, mit unbewegter Miene. Er erklärt mir nun, wir würden zusammen diesen Berg besteigen. Es ist der Sinai. Ich richte meinen Blick zweifelnd in die Höhe: ‹Was ist der Sinn dieser Bergtour? Unsere Schuhe sind ungeeignet.› Der Teufel lacht nur: ‹Das ist kein Problem; du wirst den Grund dafür noch früh genug erfahren.›

Er geht nun auf den Berg zu, und wir beginnen mit dem Aufstieg. Ruhig und sicher schreitet er vor mir her auf dem schmalen, gut begehbaren Pfad, der sich in einem mir endlos erscheinenden Zickzack hinauf windet. Es ist heiß; wir schwitzen. Ich frage: ‹Hast du etwas zu trinken bei dir?› Sein Antwort: ‹Nein; es gibt hier nichts zu trinken und nichts zu essen. Im Übrigen solltest du während des Aufstiegs nicht reden.›

Stundenlang gehe ich in seinem Schritt schweigend hinter ihm her. Achtsam trägt Luzifer, der Lichtträger, das weiße Kleid mit dem Goldgurt. Es ist nichts zu hören außer dem langsamen, regelmäßigen Auftritt unserer Füße. Kein Lüftchen weht. Es ist wie in den Zen-Meditation, wo nur der regelmäßige Rhythmus des Atem zu spüren ist. Oben angekommen, stehen wir auf einer kleinen Ebene, aus der ein mächtiger Felsblock herausragt, ein kleiner

Berg auf dem Berg. In seiner Mitte befindet sich ein riesiges, dunkelgrünes Stahltor. Ich bin sprachlos. Nach einer Weile frage ich den Teufel, was wir nun tun würden. Er antwortet: ‹Das wirst du sehen. Zunächst müssen wir warten.› Darauf hin setze ich mich auf den Boden. Der Teufel heißt mich jedoch, stehend der Dinge zu harren, die da kommen werden. Er hilft mir freundlich, mich zu erheben, wobei er sagt: ‹Du musst dich vermehrt in Geduld üben.› Stundenlang warten wir im Schweigen, den Blick unverwandt auf das geheimnisvolle Tor gerichtet.

Plötzlich wird die Atmosphäre von einem dumpfen, nicht enden wollenden Donnerrollen erfüllt. Das grüne Tor teilt sich in der Mitte und wird wie von Geisterhand nach beiden Seiten hin in den Berg hinein geschoben. Aus der schwarzen Öffnung tritt Christus, vollkommen in Schwarz, samt schwarzen Sandalen. Er steht da und betrachtet den Teufel und mich lange Zeit ernsthaft. Dann entledigt er sich seiner Kleidung. Er steht nun splitternackt und barfuß vor uns. So habe ich ihn noch nie gesehen. Es ist sehr gut gebaut, und ich bewundere seinen schönen Körper.

Jetzt schreitet der Teufel mit dem weißen Kleid und dem goldenen Gurt feierlich auf Christus zu und überreicht ihm beides, zuerst die Tunika, dann den Gurt. Christus bekleidet sich, breitet seine Arme aus und beschenkt uns mit seinem bekannten strahlenden Lachen. Mir fällt auf, das er keine Sandalen trägt. Der Teufel bemerkt dazu: ‹Er braucht keine Sandalen mehr; denn von nun an kann er überall schmerzfrei barfuß gehen.› Christus und der Teufel stehen sich nun gegenüber, und dann verneigen sie sich voreinander – was für ein Ritual! Der Teufel beginnt, Christus stimmt ein. Danach sagt der Teufel gut gelaunt: ‹Jetzt sind wir quitt.› Christus lächelt vielsagend: ‹Wir waren schon immer quitt.›

Noch nie sah ich den Teufel mit Christus derart in Einklang. Grenzenloses Staunen und tiefe Freud erfüllen mich (U. Kaufmann, 2004, S. 134 ff.).

Nach diesem Traum lag Uschi stundenlang wach und suchte nach Antworten auf die Flut von Fragen, die sie überrollte. Als sie nicht klar kam, bat sie ihr Selbst, ihr einen klärenden Traum zu schicken. In der nächsten Nacht träumte sie:

«Christus sitzt auf meinem Bettrand und sagt zu mir: ‹Gib mir deine Hände, damit wir in einem äußeren und einem inneren Kontakt zueinander stehen, und schließe deine Augen!› Darauf entgegne ich: ‹Ich möchte dich aber betrachten; denn du bist so schön!› Christus blickt mich an und spricht: ‹Ich aber sage dir: Schließe deine Augen! Du kennst mich doch und weißt, wie ich aussehe.› Ich gehorche. Jetzt kommt er zur Sache: ‹Du hast Antwort gesucht auf deine Fragen. Ich gebe sie dir: Du erinnerst dich, dass dir der Teufel zur Pensionierung weiße Flügel gebracht hat. Dabei vertraute er dir an, er sei ein abgestürzter. Das zu sagen, war nicht einfach für ihn; damit gab er sich eine Blöße und erniedrigte sich vor dir. Die Schande einzugestehen, war ihm deshalb möglich, weil er Vertrauen hat zu dir. Denn du hast ihn in den letzten Jahren zu deinem Freund gemacht, und das hat er dir hoch angerechnet. Übrigens heißt er Luzifer (Lichtträger).

Abbildung 3: Der helle und der dunkle Pol der Psyche

Der ‹Absturz› des Teufels hat mit mir persönlich nichts zu tun; außerdem kann jeder einmal einen Fehler begehen. Meinerseits sind wir schon immer quitt gewesen. Um ihm aber zu beweisen, dass dem so ist, habe ich ihm den Vorschlag gemacht, er dürfe einen ganzen Tag lang in der freien Natur dein Führer und Lehrmeister sein. Er könne dich lehren, sich in Geduld zu üben; notfalls dürfe er dich auch rügen. In der Zeit, da er dich begleite, würde ich an seiner Stelle das Höllenreich verwalten; umgekehrt müsse er Sorge tragen für mein Lichtkleid mit dem goldenen Gurt und dieses auf den heiligen Berg Sinai hinauf tragen.

So bist du geprüft worden vom Teufel, ob du ruhig in der Ebene vor dem Berg Sinai auf ihn warten, ob du einen beinahe endlosen Aufstieg ohne Essen, Trinken und Reden aushalten und stundenlang vor dem geschlossenen grünen Tor stehen könnest, ohne zu fragen, warum und weshalb, du, die so gerne redet!

Das Donnerrollen besagte dem Teufel, dass ich sein Höllenreich nun verlasse und im Begriff sei, wieder ans Licht hinauf zu steigen. Dort konnte ich mein schwarzes Gewand, das ich in der Hölle brauchte, wieder ablegen. Indem ich ganz nackt vor euch da stand, gab auch ich mir eine Blöße. Diese konnte ich wieder bedecken, weil Luzifer mein Lichtkleid sorgfältig hütete und im Schweiße seines Angesichts auf den Berg Sinai hinauf trug. Damit war der Rollentausch, den wir für einen Tag vorgenommen hatten, beendet, und der Teufel war nun endgültig davon überzeugt, dass wir beide gleichwertig sind.

Das alles kommt daher, dass er vor dir einen Fehler zugegeben hat. Wer sich erniedrigt, wird erhöht werden. Aber auch mir brachte die Stellvertretung in der Hölle Gewinn: Seitdem kann ich überall schmerzfrei barfuß gehen. Uschi, jetzt kannst du deine Augen wieder öffnen. Du blickst jetzt ins Licht. Ich bin das Licht der Welt. Mit denselben Augen siehst du aber auch den Schatten.›

Ich wende ein: ‹Ich habe noch eine Frage an dich.› Christus sagt: ‹Ich weiß, ich kenne sie. Du möchtest wissen, warum sich die Hölle im heiligen Berg Sinai befinde. Mein liebes Kind, die Hölle ist überall; das Dunkle ist überall in der Welt, aber auch das Licht. Wir beide sind ebenbürtige Führungsinstanzen in dir; das macht dich heil und ganz› (U. Kaufmann, 2004, S. 137 ff.).

«Wir beide sind ebenbürtige Führungsinstanzen in dir; das macht dich heil und ganz.» Das ist die Frohe Botschaft der Tiefenpsychologie. Das Ziel des Individuationsprozesses ist die bestmögliche Integration aller psychischen Kräfte, des oberen und des unteren Pols. *Heil* und *whole* (ganz) gehören nicht nur sprachlich, sondern auch sachlich zusammen. Das ist ein neues Evangelium; für die Kirche ist der Versuch der Integration des

Teufels Ketzerei. Origenes (185–254), ein herausragender Kirchenlehrer der Antike, vertrat die Ansicht, schlussendlich werde auch der Teufel integriert *(Apokatastasis Panton)*. Sonst hoch geschätzt - dafür wurde er verdammt.

Die Kirche integriert den Schatten nicht, sondern schickt ihn zur Hölle. Erlösung geschieht für sie durch den Aufstieg der Seele zu Gott. «*Sursum corda* (erhebet die Herzen)!», ruft der Priester am Anfang der Messe. «Wir haben sie beim Herrn», antworten die Gläubigen.

Uschis Traum behandelt dasselbe Thema wie Karls Kindertraum. Beide sind nicht nur von persönlicher, sondern auch von kollektiver Bedeutung. Es geht um ganzheitliche Spiritualität.

Der Traumschluss

Karls archetypischer Traum wird am Schluss unvermittelt persönlich; die Mutter tritt auf:

> «In diesem unerträglichen Augenblick hörte ich plötzlich meiner Mutter Stimme wie von außen und oben, welche rief: «Ja, schau ihn dir nur an. Das ist der Menschenfresser!» Da bekam ich einen Höllenschrecken und erwachte, schwitzend vor Angst.»

Leben Nr. 1 und Leben Nr. 2

Es zeugt von Jungs Aufrichtigkeit, dass er den Traumschluss ungekürzt wiedergibt. Für das Image der Familie ist das nicht gerade schmeichelhaft. Im Blick auf die Familien-Persona wäre es einfacher gewesen, die Mutter einfach wegzulassen. Die Lücke hätte niemand bemerkt; der Intimbereich der Familie wäre gewahrt geblieben. Dass Jung den Schluss ungekürzt referiert, zeigt, dass ihm die Wahrheit wichtiger war als die Persona. Diese nannte Jung «das Leben Nr. 1», die ungeschminkte Wirklichkeit «das Leben Nr. 2».

Die Mutter

Im Traum steigt Karls Mutter nicht zu ihm hinab, um in dieser schweren Stunde bei ihm zu sein und ihn ihre tröstliche Nähe spüren zu lassen. Nein, sie verunsichert ihn noch mehr, als er ohnehin schon ist, indem sie ihm von oben her zuruft: «Ja, schau ihn dir nur an. Das ist der Menschenfresser!» Bizarr! Was ist das für eine Mutter!? Was hat Karl für ein Mutterbild? Der Penis, dem er sein Leben verdankt und mit dem er als Mann dereinst Leben zeugen wird – er soll der Menschenfresser sein?! Der Satz verrät eine gestörte Beziehung zum König der Unterwelt.

Der Traum karikiert die Mutter; er zeigt, wo der Hund begraben liegt. Die Mutter im Traum ist wohl beides: sowohl Karls reale Mutter (objektstufige Deutung), wie auch das subjektive Bild, das Karl von der Mutter hat (subjektstufige Deutung). Wer war Karls Mutter? Wie ihr Gemahl, so war auch Emilie Jung-Preiswerk das jüngste von dreizehn Kindern. Sexualität und erotische Faszination spielten für sie stets eine untergeordnete Rolle. Für ihre Heirat mit einundzwanzig waren gesellschaftliche und ökonomische Gründe wichtiger. Es war Zeit für sie, endlich unter die Haube zu kommen. Da sich bisher kein Freier blicken ließ, musste ihre Familie befürchten, Emilie bleibe ledig. Einundzwanzig war in Basel die Grenze zum unattraktiven Altjungfernleben. Ihr massiges Äußere schien Emilie nicht zu stören; mit zunehmendem Alter wurde sie adipös, sodass in ihrem Badekleid gleich zwei Enkelkinder Platz fanden. Diese ertranken einmal beinahe im Zürichsee, weil sie zum Spaß gemeinsam in der Badehose ihrer Großmutter herum schwammen.

Die Familie Preiswerk gehörte zu den alteingesessenen Patriziern der Stadt, zu Basels «Teig». Wer Emilie heiratete, machte gesellschaftlich eine gute Partie. Emilies Verehelichung war für ihren Vater Samuel Preiswerk (1799–1871), *Antistes* zu Basel, auch eine Geldfrage. Er musste nach altem Brauch für ein standesgemäßes Leben seiner Kinder aufkommen. Wenn Emilie ledig blieb, musste er lebenslang in die Tasche greifen.

Darum war er erfreut, als jemand um Emilies Hand anhielt. Der Freier war der im Haus bekannte Paul Jung, ein stiller, intelligenter Mann, seit kurzem Pfarrer in Kesswil am Bodensee. Mit ihm las Emilies Vater im Studierzimmer stundenlang in der hebräischen Bibel, zu beider Vergnügen.

Samuel Preiswerk war sattelfest im Hebräischen (sein Enkel C. G. Jung spottete, der Grund dafür sei, dass er geglaubt habe, das Reich Gottes stehe vor der Tür: Da im himmlischen Jerusalem hebräisch gesprochen werde, wollte er entsprechend vorbereitet sein). Tatsache ist, dass Samuel Preiswerk aktiver Zionist war und kräftig mithalf, die Juden ins gelobte Land zu bringen, damit das Gottesvolk am Jüngsten Tag zur Stelle sei, wenn alle Welt (gemäß Jesaja 2 und Micha 4) zum Zion pilgere.

In seinen Augen machte Emilie eine rechte Partie: Pauls Vater, bereits verstorben, war in Basel eine angesehene Persönlichkeit gewesen. Im Glauben war er leider nicht ohne Fehl. Doch Paul war rechtgläubig, und sein Hebräisch war tadellos! Ja Paul hätte das Zeug zur Karriere eines Professors gehabt. Leider aber war er arm, und das Salär der Landpfarrer war dürftig. Doch es gab Schlimmeres. Emilie würde damit zurecht kommen; sie wusste ja aus fast nichts ein schmackhaftes Essen zu bereiten. Im Übrigen war sie spartanisch erzogen und sehr religiös; eine teure Garderobe sagte ihr nichts. Es würde schon gut kommen mit den beiden!

Dass Emilie dem König der Unterwelt nicht zugetan war, war nicht nur ihrer leibfeindlichen Erziehung zuzuschreiben, sondern auch ihrer spiritistischen Ader. Diese fand in der großen Verwandtschaft Beachtung. Spiritistische Phänomene wie Trancezustände, Visionen, Halluzinationen, Geistererscheinungen und Präkognition (Erkenntnis der Zukunft) gehörten zur Tagesordnung. Der Kontakt zum Jenseits wurde achtsam gepflegt. Zudem durfte Emilie oft stundenlang hinter ihrem Vater im Studierzimmer stehen und den bösen Geist fort wedeln, der ihn beim Erarbeiten der Predigt störte. Was am Sonntag auf der Kanzel glaubensstark verkündigt wurde, war ein Stück weit auch Emilies Werk.

«Aber am glücklichsten war sie, wenn sie für sich war, alleine mit ihren Gedanken und ihrem Tagebuch» (Bair, 2005, S. 29). Darin notierte sie eines Abends spröde, heute habe Paul Jung um ihre Hand angehalten (Bair, 2005, S. 30). Andere Töchter Basels hielten Heiratsanträge mit ausschweifender Phantasie im Tagebuch fest. Emilie machte deswegen kein Aufhebens.

So ist es nicht verwunderlich, dass Emilie mehr Interesse für ihre spiritistischen Erfahrungen als für die Aktivitäten ihres als Pfarrer geschätzten Gemahls hatte. Umgekehrt konnte dieser mit ihren Nachtgesichten nichts anfangen. Wenn Emilie einmal an einem kirchlichen Anlass außerhalb des Gottesdienstes teilnahm, setzte sie sich abseits und errichtete einen undurchdringlichen Panzer um sich.

Der Penis: Damit musste sie sich als Pfarrfrau arrangieren; denn sie hatte dafür zu sorgen, dass das große Haus, das die Kirchgemeinde der Pfarrfamilie zur Verfügung stellte, mit einer stattlichen Kinderschar belebt wurde. Wenn sie das Gebot des

Herrn erfüllte: «Seid fruchtbar und mehret euch» (1. Mose 1,28), konnte sie auf öffentliche Anerkennung hoffen. Unter der Decke der kirchlich gesegneten Ehe hatte der Penis seinen Platz – freilich nicht als der, der Lust verschaffte, sondern als der, der künftige Gotteskinder zeugte.

Doch dann kamen die drei Fehlgeburten. Zudem hatte ihr Mann andere Interessen als sie. Nun bekam sie den Penis satt. Wer war sie hier am Bodensee, fern vom «Basler Teig»!? Die ungebildeten Bauern und Fischer hatten ja keine Ahnung vom Geist, und ihr Gemahl war ein Gelehrter, der von der Hauptsache, dem lebendigen Kontakt zur jenseitigen Welt, nichts verstand. Was er predigte, war wohl klug ausstudiert; aber es war nicht erlebt! Wie anders war das bei ihrem Vater, der beim Predigtschreiben mit dem Leibhaftigen rang! Himmel und Hölle waren da in Bewegung. Nein, eigentlich gehörte sie gar nicht an Pauls Seite. Doch sie hatte ihm das Ja-Wort gegeben: «[…] bis dass der Tod euch scheidet!»

Ihr Nachtleben widmete sie fortan der Pflege der Beziehung zum Jenseits. Das war die Nahrung, die ihre Seele brauchte. Was hatte der Penis gebracht? Drei Fehlgeburten! Er hatte ihr Mutterglück vorgegaukelt, der Lügner und Mörder (Joh. 8,44)!

Ihr Gemahl verbrachte seine Nächte nun bei seinem geliebten Sohn. Irgendwie wurde Emilie nach einigen Jahren aber doch noch einmal schwanger. Die Macht des Königs der Unterwelt ist nicht zu unterschätzen! Oder erinnerte sich die Pfarrfrau wieder einmal ihrer ehelichen Pflichten? Wie auch immer: Dem Pfarrer-Ehepaar wurde acht Jahre nach Karl noch Johanna Gertrud geschenkt, genannt Trudel. Doch dabei blieb es.

Karl war von Trudels Geburt schockiert. Er besuchte damals die Volksschule in Kleinhüningen, einem Bauerndorf bei Basel. Seine derben Mitschüler hatten ihn aufgeklärt. Sex war für Karl «pfui». «Die Geburt der Schwester brachte ihn in Verlegenheit, weil sie ein lebendiges Zeugnis dafür war, dass im eigenen Haus der Fleischeslust gefrönt wurde, dass seine Mutter in diesem Haus wieder etwas angestellt hatte, was er nicht wissen sollte. Alles, was mit der Neugeborenen zusammenhing, erfüllte ihn mit Scham» (Bair, 2005, S. 43). Karl war auf dem Weg, in eine ekklesiogene Neurose hineinzuschlittern.

Positiv ist folgendes: Die Mutter bewunderte ihren Sohn stets und hielt sogar dann noch zu ihm, als er sich innerlich von ihrem Gemahl und der Kirche abwandte.

Von der Mutter erbte Karl nicht nur seinen kräftigen Körper, sondern auch seine außergewöhnliche Begabung zur Introspektion. Die achtsam gepflegte innere Wahrnehmung bildete das geheime Band zwischen Mutter und Sohn. Allerdings verstand der Sohn diese ganz anders als seine Mutter!

Der Vater

Paul Jung (1842–1896) war ein intelligenter und pflichtbewusster Mensch. Er stand seinem geliebten Sohn in dessen ersten Lebensjahren nahe. Im Gegensatz zur Mutter war er für Karl verlässlich. Nähe und Fürsorge sind aber - archetypisch gesehen - *weibliche* Qualitäten; der Vater vertrat in Karls früher Kindheit oft die Mutter. In der Pubertät und Adoleszenz, als für Karl *männliche* Eigenschaften (wie: den Mann stellen, bestimmen, kämpfen, sich durchsetzen) wichtig wurden, verblasste der Vater zusehends. So wenig er sich einst gegen seinen tyrannischen Vater hatte durchsetzen können, so wenig vermochte er später, Karl den Meister zu zeigen. Er hatte nie gelernt zu kämpfen. Als Pfarrer war er zwar eine Autoritätsperson; doch seine Autorität war nur geliehen; sie bestand im Amt.

Paul Jung studierte Theologie und Orientalistik und doktorierte über einen hebräisch verfassten Kommentar zum Hohen Lied aus dem Mittelalter. Die Karriere eines Hochschullehrers für Altes Testament und Orientalistik war in Griffnähe. Daraus wurde nichts, weil das Geld ausging. Paul fügte sich und nahm Vorlieb mit dem für ihn intellektuell unattraktiven Beruf eines Landpfarrers. 1868 wurde er zum Seelsorger in Kesswil am Bodensee gewählt. Nun benötigte er eine Pfarrfrau. Da die Eroberungslust bei ihm an einem kleinen Ort Platz fand, beschränkte er die Brautwerbung auf das Minimum und gab sich mit dem Nächstliegenden zufrieden: Bei der Hebräisch-Lektüre im Haus des Antistes hatte er Emilie als stilles Mädchen und Fräulein kennen gelernt. Als Pfarrerstochter wusste sie, was auf eine Pfarrfrau zukam. So hielt er beim Antistes um Emilies Hand an. Deren Eltern empfahlen Paul ihrer Jüngsten. Emilie willigte ein, und bald zog das Paar frisch vermählt rheinaufwärts in die Ostschweiz.

Alles war wie am Schnürchen gegangen. Doch man hatte die Rechnung ohne den Wirt gemacht, den König der Unterwelt. Das sollte sich rächen. Bald verdüsterten ernstliche Schwierigkeiten das Glück der Neuvermählten. Emilie fühlte sich nicht wohl am Bodensee. Paul zeigte Verständnis. In der Hoffnung, ein Ort näher bei Basel würde seiner Frau besser gefallen, hielt er nach Karls Geburt nach einer neuen Pfarre Ausschau und fand sie im malerischen Laufen, auf halbem Weg nach Basel.

Doch der Umzug an den Rheinfall brachte keine Besserung. Nun verlor er die Geduld und wurde jähzornig, wie bisweilen in seiner Kindheit. Es gab oft Krach. In der Kirchgemeinde klatschte man über die Pfarrersleute, die ihre Rolle als Vorbild nicht erfüllten. Paul Jung blieb nichts anderes übrig, als sich nochmals nach einer Stelle umzusehen. Diese fand er in Kleinhünigen bei Basel. Nun war seine Frau wieder in der Nähe der Ihren. Er aber resignierte. Weder in der Ehe noch im Beruf hatte er Glück.

Von klein an hatte eine dunkle Wolke sein Leben überschattet. Unter dem autoritären Vater konnte sich Pauls zartbesaitetes Wesen nicht entfalten. Ein Beispiel: Nach dem Mittagessen pflegte der Vater einen Mittagsschlaf zu machen. Während dieser Zeit mussten alle Kinder still am Tisch sitzen bleiben, damit Vaters Schlaf nicht gestört werde! Paul lernte nie kämpfen, sondern nur, sich zu fügen und das Kreuz zu tragen. Im Beruf opferte er sein differenziertes Denken der gläubigen Orthodoxie. Dieses *sacrificium intellectus* bekam ihm nicht gut; deswegen verlor er seinen geliebten Sohn.

Gegen das Ende seines Lebens pflegte er zu sagen, die einzig schöne Zeit in seinem Leben seien die Jahre des Studiums gewesen. Zum Befremden seiner bäuerlichen Kirchgemeinde schwelgte er zusehends in Erinnerungen an seine Studentenzeit.

Karl zog sich seit seiner Konfirmation zusehends vom Vater

und der Kirche zurück. Der Vater hatte sich die allergrößte Mühe gegeben, dem Sohn in Liebe den rechten Glauben beizubringen. Er erteilte ihm den Konfirmandenunterricht privat. Vergebliche Liebesmüh! Karl wollte nicht *glauben,* sondern *wissen;* er lebte des Vaters Schatten.

Der Verlust des Sohnes war der Todesstoß für den Vater. Nun wurde er giftig, zynisch, sarkastisch, verbittert. Kaum von ungefähr wucherte auch ein Krebsleiden in ihm, wohl ein Pankreaskarzinom. Wut, Aggression und Trauer im Blick auf die Kindheit, Enttäuschung in Ehe und Beruf und jetzt noch der Verlust des Sohnes! Das war mehr, als er verkraften konnte. Bis zu seinem Tod Mitte Fünfzig (am 28. Januar 1896) schlief er noch mit Karl im gleichen Zimmer. Doch dieser stand frühmorgens auf, wenn der Vater noch schlief, und kehrte erst spätabends heim, wenn dieser schon wieder schlief. So entging ihm, wie schlecht es um den Vater stand. Erst kurz vor dessen Tod realisierte er, dass dieser nur noch «ein Haufen Knochen» war (Bair, 2005, S. 59)!

Am Abend nach des Vaters Bestattung orakelte die Mutter mit einem gespenstischen Beiklang in ihrer Stimme. Sie saß mit Karl allein im verdunkelten Salon. Sibyllinisch ließ sie verlauten: «Er ist zurzeit für dich gestorben» (Bair, 2005, S. 60). Karl dachte lange über diesen Satz nach und kam zum Schluss, die Mutter habe ihm sagen wollen, nun sei die Bahn für ihn frei.

Kurze Zeit später übertrug sie ihm die Rolle des *Pater familias:* Karl hatte fortan für das Auskommen der Kleinfamilie zu sorgen. Würde und Bürde! Jetzt geriet Karls Medizinstudium in Gefahr. Bei einer Verwandtenkonferenz wurde dieses Opfer tatsächlich verlangt. Es fand sich dann aber eine andere Lösung.

Pointiert gesagt, erbte Jung drei Talente:
- von der Mutter die psychische Sensitivität,
- vom Vater die Freude an der Sprache,
- vom Großvater die Liebe zur Naturwissenschaft und das Durchsetzungsvermögen.

Mit diesem Erbe gestaltete Jung sein Lebenswerk. Was ihn auszeichnete, war die psychische Sensitivität. Dank dieser mütterlichen Mitgift vermochte er den seelischen Hintergrund, vor dem sich unser bewusstes Leben abspielt, wahrzunehmen und am Puls der Evolution zu leben.

Karls Traum war ein Korrekturimpuls von kollektiver Bedeutung. Das wird besonders deutlich, wenn er in den Zusammenhang der Bewusstseinsevolution gestellt wird.

Der Traum im Kontext der Bewusstseinsevolution

Gesamtevolution und Bewusstseinsevolution

Das folgende Diagramm zeigt, dass die schöpferische Tendenz des Seins seit dem «Big Bang» im Universum zunehmend komplexere Erzeugnisse hervorbrachte.

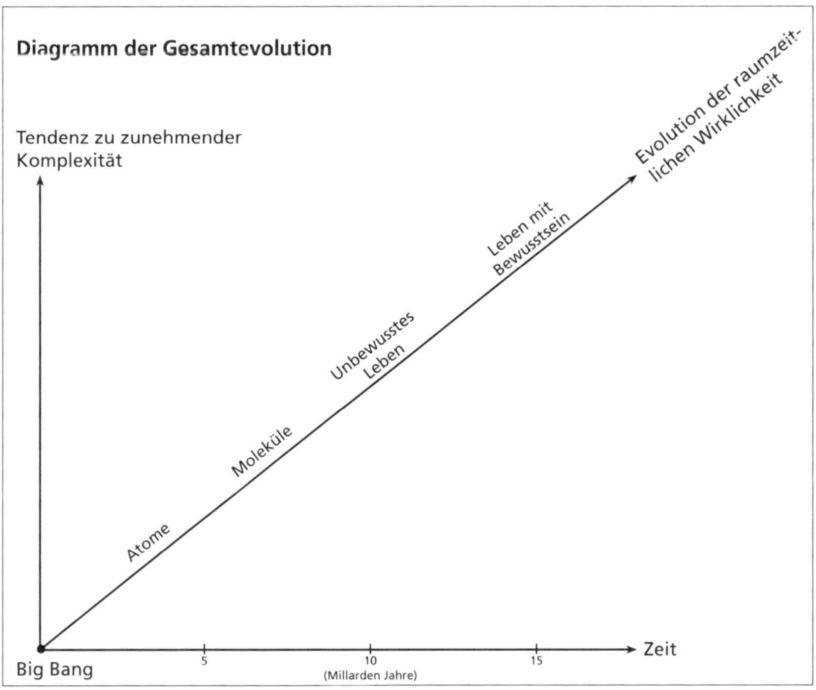

Abbildung 4: Diagramm der Gesamtevolution

1. Zunächst entstanden Atome, von denen heute 109 Arten bekannt sind (92 sind natürliche Atome, der Rest künstliche). Das einfachste ist das Wasserstoff-Atom mit nur einem Proton als Kern und einem Elektron als Hülle. Damit fulgurierte in der raumzeitlichen Wirklichkeit erstmals *feste Form.* Den Ausdruck

«Fulguration» (Aufblitzen einer neuen, in der Evolution bisher noch nicht vorhandenen Eigenschaft) prägte der bekannte Verhaltensforscher K. Lorenz (1903-1989). Heute ist dafür der Begriff «Emergenz» (Auftauchen) en vogue. Dieser suggeriert, was auftauche, sei zuvor schon (aber noch unsichtbar) da gewesen. Gewisse Sprünge in der Evolution kreieren aber noch nie da Gewesenes! Die Eigenschaft des völlig Neuen kommt meines Erachtens im Ausdruck «Fulguration» besser zur Sprache als im Wort «Emergenz». Das Atom, bestehend aus Kern und Hülle, ist ein Ganzes; es ist mehr als seine beiden Teile. Zudem ist es beständig, im Gegensatz zu dem, was vor ihm war (z.B. Neutrinos, Leptonen, Quarks etc.). Mit dem Atom fulgurierte dauerhafte, feste Form.

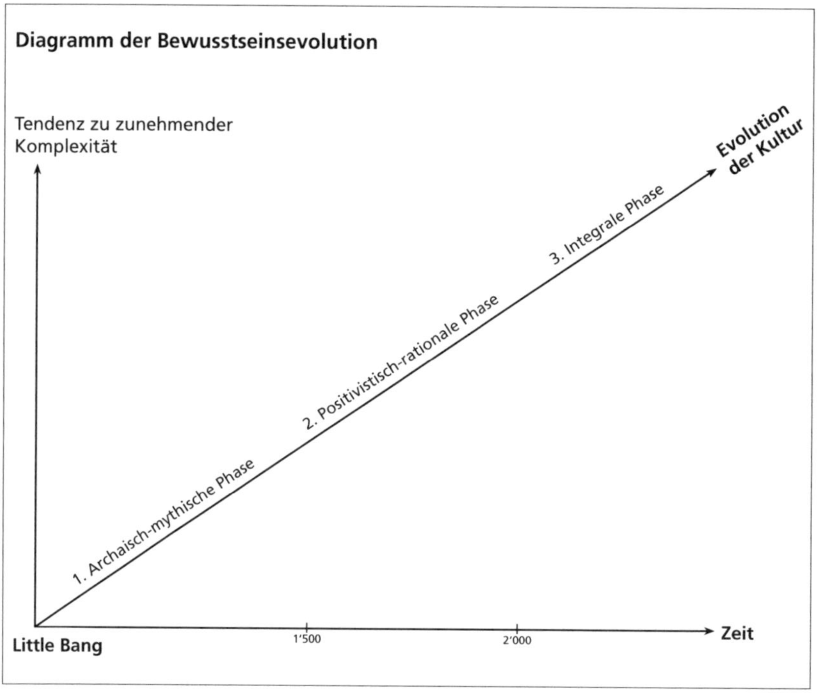

Abbildung 5: Diagramm der Bewusstseinsevolution

2. Danach bildeten sich – mit komplexerer Gestalt – Moleküle, vom einfachen H_2O bis zu riesigen Eiweißmolekülen mit Tausenden von Atomen.

3. Der nächste große Entwicklungsschritt erfolgte, als Riesenmoleküle auf unserem Planeten (und vielleicht auch anderswo) sich zu Zellen verbanden und dabei spontanaktiv wurden, fähig zu Kognition und zentraler Datenverarbeitung. Dabei fulgurierte das *unbewusste Leben*. Dieses entwickelte sich von einfachsten zu stets komplexeren Formen, von Einzellern bis zu den Primaten.

4. Schließlich fulgurierte auf unserem Planeten *Bewusstsein*. Dem «*Big Bang*» des Anfangs des Universums folgte nach 14 Milliarden Jahren der «*Little Bang*» des Anfangs des Bewusstseins. Nun spiegelte sich das Leben im Bewusstsein, anfangs nur diffus, mit der Zeit etwas klarer und immer differenzierter.

Die Entwicklung der Kultur schlägt sich nicht mehr im Genom nieder, sondern in bewusstem Wissen, das in Kulturspeichern deponiert, durch Lehren weitergereicht und durch individuelles Lernen assimiliert wird. Auch die kulturelle Evolution entwickelt sich nach dem Urgesetz: «Von einfachen zu stets komplexeren Formen.» In unserer Zeit erhält sie eine Eigendynamik und entfernt sich immer weiter von der Natur. Ich und Selbst, der subjektive und der objektive Geist, driften immer weiter auseinander.

Die Bewusstseinsevolution bildet den vorläufig letzten Abschnitt der Gesamtevolution. Sie beginnt mit dem Little Bang. Dieser schlug nicht ein wie ein Blitz, sondern nahm Jahrmillionen in Anspruch.

Im nächsten Kapitel wird der *Verlauf* der Bewusstseinsevolution von der archaisch-mythischen über die positivistisch-rationale zur integralen Phase beschrieben. Der *Nachweis* der Existenz einer Bewusstseinsevolution erfolgt dann im übernächsten Kapitel.

Verlauf der Bewusstseinsevolution

Vorbemerkung

Zur Bestimmung der Evolutionshöhe einer Kultur muss man das kognitive Grundmuster kennen, das dieser zugrunde liegt. Die Weltbilder zurzeit des Anfangs der Bewusstseinsevolution sind randvoll mit Projektionen. Mit der allmählichen Zunahme des Unterscheidungsvermögens gehen die Projektionen langsam zurück (Abbildung 6).

Um kognitive Grundmuster zu entdecken, stellte Obrist einen Quervergleich unter Weltbildern aller Zeiten und Kulturen an. Dabei konnte er *drei kognitive Grundmuster* ausmachen: Phase 1, 2, 3. Diese waren fundamental verschieden voneinander und je

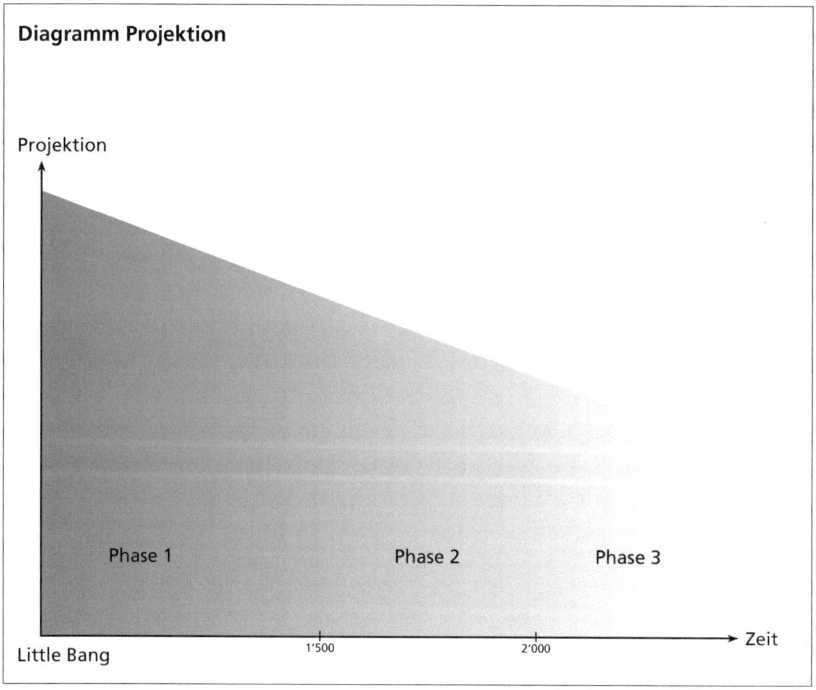

Abbildung 6: Allmähliche Abnahme der Projektion im Verlauf der Bewusstseinsevolution

in sich geschlossen. Ihr Vergleich ergab, dass ihr Bewusstseinsniveau erheblich differierte. Im Lauf der Zeit nahm das Bewusstsein zu (Abbildung 7).

Die zeitliche Abfolge der drei Grundmuster ist der Ausdruck einer geistigen Entwicklung; es handelt sich dabei um zwei Schritte der Evolution des Bewusstseins: Phase 1 → 2 → 3. Der Prozess begann mit Tastversuchen des Bewusstseins bei Primaten und schritt fort zu zunehmend komplexeren Formen des Bewusstseins bei *Homo sapiens.* Die Entwicklung, deren Ziel nicht absehbar ist, folgt einem Naturgesetz und ist darum auf die Dauer nicht aufzuhalten.

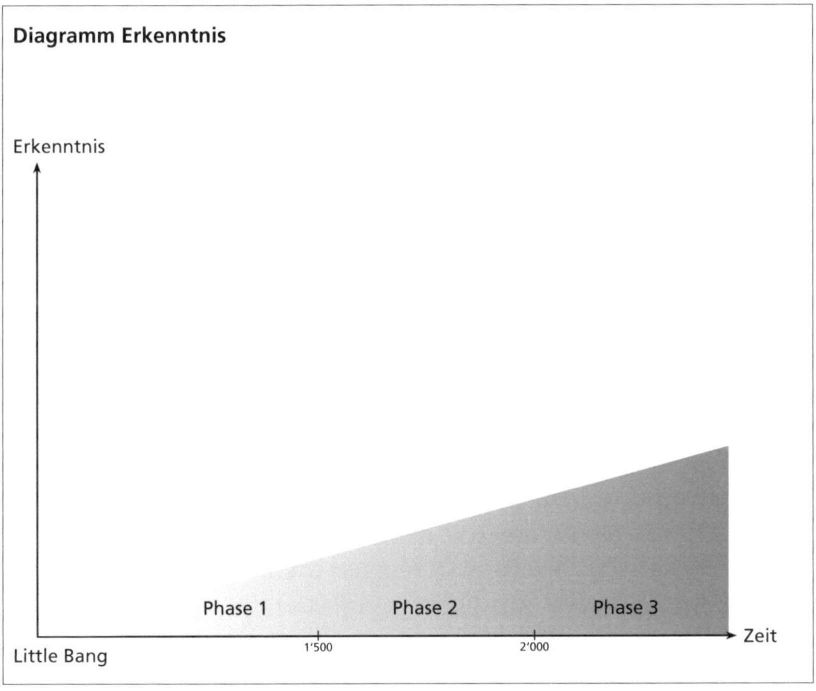

Abbildung 7: Allmähliche Zunahme der Erkenntnis im Verlauf der Bewusstseinsevolution

Phase 1 (These): Das archaisch-mythische Weltbild

Wir betrachten nun den Verlauf der Bewusstseinsevolution.

Zunächst machte Obrist einen Quervergleich unter den Weltbildern *alter* Kulturen. Dabei entdeckte er, dass diese (von der Steinzeit bis zum Ende des europäischen Mittelalters) allesamt auf demselben Grundmuster basierten. Die Gesamtheit des Seins bestand für sie aus *zwei* Welten: einem sichtbaren Diesseits und einem unsichtbaren Jenseits. Für die Alten hatte das Sein eine *duale* Grundstruktur. Ihre Welt war eine doppelte. So erlebte das Bewusstsein am Anfang seiner Entwicklung die raumzeitliche Wirklichkeit.

Das Diesseits war für die Alten die materielle, vergängliche, unseren fünf Sinnen zugängliche, das Jenseits die unsichtbare, ewige, geistige, nur «mit den Augen der Seele» erfahrbare Welt. Diese «andere» Welt durchwirkte das Leben hienieden; sie war mysteriös und faszinierend, wurde geliebt und gefürchtet. Von ihr gingen Segen und Fluch aus. Sie war dem Diesseits überlegen; jenseitige Wesen vermochten mehr als Sterbliche. Die Bewohner des Jenseits variierten zwar beträchtlich von Kultur zu Kultur; aber *dass* sie existierten, wurde von den Alten nicht in Frage gestellt.

Das Jenseits offenbarte sich in Träumen, Visionen und Inspirationen, tat sich aber auch im Schicksal Einzelner und ganzer Völker kund, das als Strafe oder Belohnung für ihr Verhalten verstanden wurde. Das Jenseits zeigte seine Absichten zudem in «Zeichen» (die Kunst, diese zu lesen, hieß bei den alten Griechen und Römern *Mantik;* als Zeichen galten: der Stand der Sterne, der Flug der Vögel, die Beschaffenheit der Eingeweide von Opfertieren, das Fallen der Stäbchen beim Los, Kometen am Himmel, Überschwemmungen, Dürrezeiten, Erdbeben, Seuchen etc.).

Außerdem machte das Jenseits seinen Willen auch durch Engel und Propheten bekannt. Bisweilen inkarnierten sich jenseitige Wesen und lebten «im Fleisch», um den Sterblichen ihre Absichten mitzuteilen und ihren Willen hienieden umzusetzen.

Zwischen den beiden Welten herrschte Pendelverkehr; auch die Menschen webten am Band zwischen hüben und drüben.

Sie richteten ihr Tun und Lassen pietätvoll nach dem Willen des Himmels aus, brachten die vorgeschriebenen Opfer dar, zelebrierten die heiligen Riten, fasteten und beteten, kurz: Sie führten ein frommes Leben, um nicht den Zorn der Götter heraufzubeschwören.

Seit Darwin wissen wir, dass das Sein im Werden ist. Das gilt auch für die Bewusstseinsevolution. Auch diese schreitet, wie die Gesamtevolution, unaufhaltsam voran. Ein großer Schritt nach vorn war innerhalb des ersten kognitiven Grundmusters der von den schriftlosen Kulturen zu den antiken Hochkulturen. Obrist nennt ihn den Schritt vom früh- zum spätarchaischen Weltbild: Phase 1a → 1b (Abbildung 8).

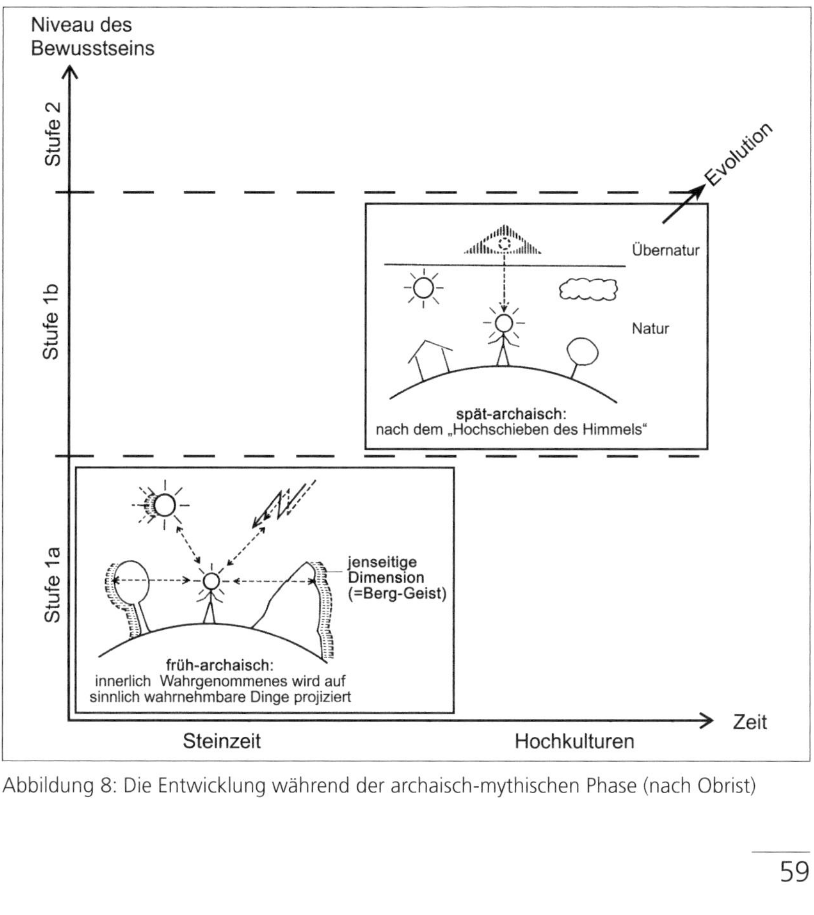

Abbildung 8: Die Entwicklung während der archaisch-mythischen Phase (nach Obrist)

In Phase 1a wurde das Dasein vermeintlich überwiegend von jenseitigen Wesen gelenkt. Die auf das bewusste Ich einstürmenden inneren Kräfte der Psyche wurden nach außen projiziert. Sie galten als jenseitige Mächte, die an heilig-unheimlichen Orten hausten, umher schweiften und von Zeit zu Zeit in Menschen einfuhren und diese «besetzten». Das Ich fühlte sich den Mächten auf Stufe 1a weitgehend ausgeliefert. Das Weltbild war anthropomorph: Wie Kinder ihre Puppen, so belebten früharchaisch apperzipierende Menschen auffällige Dinge durch Projektionen. Überall konnte die numinose Welt durchbrechen. Infolgedessen galten Sonne und Mond, Blitz und Donner, Schluchten und Berge, auffällige Bäume, Quellen und «Orte der Kraft» als *manageladen* (wirkmächtig). Darin hauste und spukte das Jenseits. Der früharchaische Mensch musste sich stets in Acht nehmen, dass er nichts falsch machte; sonst straften ihn die jenseitigen Wesen. Das Bild vom «glücklichen Wilden» ist eine Projektion.

Auf einer nächsthöheren Entwicklungsstufe, in Phase 1b, zogen die maßgebenden jenseitigen Wesen nach dem Glauben der Alten in höhere Sphären hinauf und verdichteten sich dort zu einem einzigen Lichtgott im Himmel, der die dunklen Erdgeister beherrschte. Hand in Hand damit wurde das Diesseits entgöttert, und das Göttliche zog sich allmählich ins Jenseits zurück. Dieser Prozess begann im alten Ägypten mit Pharao Amenophis IV. (Echnaton; König von 1364–1347 v. Chr.); er setzte sich im jüdischen, christlichen und islamischen Monotheismus fort. In abgeschiedenen Weltgegenden setzte der Prozess: Phase 1a → 1b erst im 20. Jahrhundert ein. Die Menschen dort müssen nun eine jahrtausendelange Entwicklung innert Jahrzehnten bewältigen. Die Folgen dieser Überforderung sind innere Desorientierung und äußeres Chaos.

Mit den antiken Hochkulturen begann das spätarchaische Zeitalter, das in weiten Teilen der Welt heute noch vorherrscht. Das Heer der animistischen und polytheistischen Naturgeister verneigte sich nun in Ehrfurcht vor dem einen Herrn in der Höhe.

Wenn wir die Projektionen zurücknehmen, erkennen wir, dass in der menschlichen Psyche während der Phase 1b nicht mehr der dunkle Erdpol vorherrschte wie in Phase 1a, sondern der helle Himmelspol. «Der Geist besiegt das Fleisch!» Davon war man fasziniert.

Geist wurde nur noch dem Vater im Himmel zugestanden; die Erde wurde zu geistloser Materie: zur vergänglichen, von Gott getrennten, entgötterten Welt. Damals entstand die spätarchaische, heute noch weit verbreitete Vorstellung, die Materie sei etwas Geistloses. Infolgedessen glaubte der Mensch, er könne mit der Natur umspringen, wie es ihm gerade passe.

Gleichzeitig verlor die Frau an Bedeutung. Im Judentum der Antike durften sich Frauen nicht mit dem göttlichen Gesetz befassen; in der römisch-katholischen Kirche gibt es bis heute keine geweihten Priesterinnen; auch der Islam wird von Männern dominiert.

Nach dem spätarchaischen Menschenbild wird der Mensch zwischen zwei Welten hin und her gerissen. Einerseits ist er «Fleisch»: irdisch, sündig, verflucht und sterblich. Andererseits aber ist er «Geist»: Gottes Ebenbild, begabt mit einer unsterblichen Seele. «Zwei Seelen wohnen, ach! in meiner Brust!»

Die Mythen hielt man einst wortwörtlich für wahr. Wer Zweifel an heiligen Überlieferungen äußerte, zog den lodernden Zorn des Jenseits und dessen Vertreter auf Erden auf sich. Die religiösen Mythen schilderten die Heiltatsachen, von denen Gedeih und Verderb von Land und Leuten abhingen. Der Einzelne war Glied des Kollektivs; Individualität wurde höchstens herausragenden Einzelnen zugestanden.

Obrist nennt das erste kognitive Grundmuster das *archaisch-mythische* Weltbild: *Archaisch* (gr. *archaios:* anfänglich, ursprünglich) nennt er es, weil es alt ist, das erste greifbare Weltbild, und *mythisch,* weil Mythen dafür maßgebend sind.

Infolge des Fortschritts der Wissenschaft in der westlichen Neuzeit und der Verbesserung der allgemeinen Bildung zerfällt das archaisch-mythische Weltbild in der westlichen Welt seit Jahrhunderten. Der Zerfallsprozess ist irreversibel. Das Bewusstsein der Bevölkerung wurde hierzulande auf ein höheres Niveau angehoben: Phase 1 → 2 (Kaufmann 2006, Kap. 2. 2.).

Die Ablösung des Alten durch das Neue verlief alles andere als friedlich. Heute triumphiert bei uns die Wissenschaft über die alte Tradition; aber am Anfang wurde sie von neophoben Kräften, insbesondere der Religion, mit allen Mitteln bekämpft.

Wie es dem Christentum hierzulande erging, so wird es mit der Zeit allen Religionen ergehen. Die Taliban und andere neophobe Machthaber wittern zu Recht, dass sie vor allem westliche Schulen und die Emanzipation der Frau abwehren müssen.

Heute globalisiert der Zerfall des ersten Weltbildes der Menschheit und erfasst Gebiete, wo das Gros der Bevölkerung bis vor Kurzem noch früharchaisch apperzipierte. Da der Prozess nicht nur Individuen und den Intellekt betrifft, sondern mächtige Institutionen und jahrtausendealte, kollektiv gepflegte heilige Gefühle, dauert es Generationen, bis eine Bevölkerung vom Sauerteig der Moderne durchdrungen ist.

Phase 2 (Antithese): Das positivistisch-rationale Weltbild

Im Gegensatz zum dualen Weltbild der Alten ist das positivistische, das aus den Entdeckungen der Neuzeit hervorging, *monistisch:* Es gibt nur noch *eine* Welt. Für positivistisch eingestellte Menschen ist von Bedeutung, was sie mit ihren fünf Sinnen und den diese verfeinernden Instrumenten erfassen. Das Jenseits verblasst. Man beschäftigt sich nicht mehr mit Mythen. Was zählt, sind empirisch fundierte Tatsachen. Das Interesse verschiebt sich von der Vertikalen auf die Horizontale; Exerzierfeld des Denkens ist das Diesseits. Die Frage der Wissenschaft lautet nicht mehr: «Wie kann ich das ewige Leben gewinnen?», sondern: «Wie funktioniert die Natur?» Die über Mythen reflektierende Theologie, einst die Königin der Wissenschaften, verliert sukzessive an Bedeutung.

Der Positivismus ist nicht mehr religiös, behält aber die spätarchaische Geist-Vorstellung bei, wonach der Geist die Materie dominiert. Die Natur ist vermeintlich geistlos; geistbegabt ist nur der Mensch, die Krone der Schöpfung. Das göttliche Licht wird infolge der Säkularisierung zum Licht der menschlichen Vernunft. Die Masse der Ungebildeten wird aufgeklärt. Das Ich gewinnt zusehends an Bedeutung. Nun entsteht das moderne, kopflastige Individuum, das zur Inflation neigt. Weil dieses sein Ich überschätzt, zeichnet ihm Obrist in seinem Schema einen aufgeblasenen Kopf (Abbildung 9).

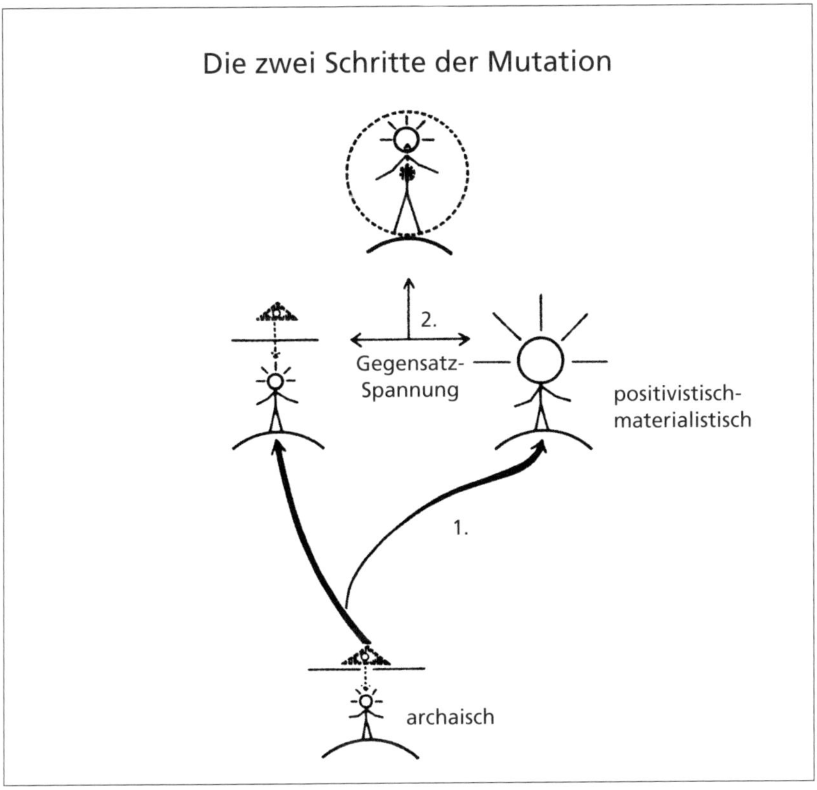

Abbildung 9: Die zwei Schritte der Bewusstseinsevolution nach Obrist (1980)

Das Ich strebt nun nach Selbstbestimmung, Autonomie, Gleichberechtigung und Demokratie. So wertvoll die Ziele sind: Die Kopflastigkeit führt zu Egozentrik und dem heute grassierenden allgemeinen Sittenzerfall. Bescheidenheit und Demut geraten aus der Mode. Es gibt nur noch das Ich.

Phase 2 ist die Antithese zu Phase 1. Religion wird Privatsache. Das ist eine Degradierung der Religion; andererseits ermöglicht es dieser, in der säkularen Welt zu überleben. Voraussetzung ist, dass sie die staatlichen Gesetze anerkennt.

Damit haben gläubige Muslime, die hierzulande leben, oft Probleme; denn Allahs Gebote (z. B. die Steinigung einer Ehebrecherin) sind ihnen wichtiger als Vorschriften eines gottlosen Staates. In der Multikulti-Gesellschaft herrscht ein Durcheinander: Verschiedene Zeitalter leben gleichzeitig nebeneinander. Die durch Äonen getrennten Mentalitäten (die Phasen 1 und 2) verursachen ein Chaos. Die Information über die Bewusstseinsevolution wäre hilfreich.

Phase 2 ermöglicht den *interreligiösen* Dialog. Da die Welt zusammenwächst, wird religiöse Toleranz immer wichtiger. Von sich aus kann die Religion nicht tolerant sein, weil sie an der göttlichen Offenbarung festhalten muss. Bei Differenzen mit anderen Religionen ist darum immer die *eigene* im Recht. Der Einfluss von Phase 2 bewirkt, dass die Religionen langsam tolerant werden und beginnen, das allen Gemeinsame zu betonen, anstatt sich (wie früher) wegen der Unterschiede zu bekämpfen.

Das große Verdienst des Positivismus war die gesellschaftliche Etablierung von Wissenschaft und Bildung im Kampf gegen altgeheiligte Überlieferung und Tradition. Dabei erstarkte das Ich und schuf die Demokratie. Die Menschenrechte lösten das archaisch-mythische Gottesrecht ab. Der Schritt: Phase 1b → 2 ist ein Riesenschritt nach vorn.

Die negative Seite von Rationalismus und Positivismus war die Vernachlässigung der Beziehung des Ich zum Selbst. Die *innere Wahrnehmung* wurde verdrängt. Das hatte einen triftigen Grund: Um objektiv sein und wissenschaftlich arbeiten zu können, klammerte man die persönliche Innenwelt aus und deklarierte diese als «bloß subjektiv». In Mythen und Märchen sah man kindliche Fantasien, weil das in ihnen Geschilderte mit den Ergebnissen der modernen Naturwissenschaft nicht zu vereinen war. Damit wurde das Kind mitsamt dem Bade ausgeleert.

Die Ablehnung der inneren Wahrnehmung führte zu seelischer Verarmung und der Wurzellosigkeit des modernen Ich. Der Positivismus schuf ein seelenloses Zeitalter. Er überschätzte und überforderte das Ich. Die Gräuel der Französischen, Russischen und Chinesischen Revolution, des Dritten Reiches, des Pol Pott-Regimes etc. wurden nur möglich, weil das Ich keine von ihm unabhängige Kontrollinstanz mehr hatte.

Die Erfahrung zeigt, dass das Ich nicht nur vernünftig, sondern auch stets in der Gefahr ist, vom Schatten aufgesogen und überwältigt zu werden. Diese Gefahr kann nur durch Bewusstwerdung überwunden werden. Nach innen bedeutet dies, die Signale aus dem Unbewussten gewissenhaft zu beachten, und nach außen, im Dialog leben zu lernen.

Phase 3 (Synthese): Das heute zeitgemäße Weltbild

Die Tiefenpsychologie bringt die in Phase 1 sorgsam gepflegte, in Phase 2 sträflich vernachlässigte innere Wahrnehmung wieder zu Ehren. Dank ihr wird Religiosität wieder natürlich. Mit der Entdeckung des Selbst, der zentralen Führungsinstanz der Gesamtpersönlichkeit, erhält das Ich wieder eine ihm überlegene Leitung. Das Selbst lässt dem Ich viel Freiraum, gibt ihm aber auch Leitplanken, z. B. durch Träume, Intuitionen, Gefühle, Ahnungen oder psychosomatische Phänomene. Letzte Autorität besitzt nicht mehr das in Phase 2 künstlich aufgeblähte Ich, sondern das aus der Projektion ins Jenseits zurückgeholte Selbst. Dieses wird dort angesiedelt, wo es schon immer war: in der unbewussten Psyche, dem inneren «Jenseits-des-Ich» (siehe Abbildungen 13 und 14, S. 104 f.).

Jungs Entdeckung des Selbst bildet das Fundament des neuen Weltbildes von Phase 3. Jung nennt das Selbst den *objektiven* Naturgeist der Psyche, im Gegensatz zum *subjektiven* Geist des Ich. Im Individuationsprozess wirken der subjektive und der objektive Geist zusammen; dabei entfaltet der Mensch das in ihm angelegte Potenzial optimal.

Der Neurobiologe und Hirnforscher G. Gschwend entdeckte die zentralnervöse Entsprechung zum Selbst, dessen materielle Basis. Das war eine Entdeckung von größter Tragweite. Jeder Gedanke, den wir denken, hat eine neuronale Grundlage im Gehirn. Das Gesamtintegrationssystem, das der leider früh verstorbene Facharzt für Neurologie anhand von Ausfällen nachweisen konnte, ist das riesige zentrale Netzwerk von Neuronen, das alle anderen, ihm untergeordneten Integrationssysteme miteinander verknüpft. Eine entsprechende Kommandozentrale ist aber auch das Selbst, das oberste psychische Integrationssystem (der zentrale Archetyp). Für Gschwend sind Selbst und Integrator einander entsprechende, sich ergänzende Aspekte derselben Wirklichkeit. Dazu führt Obrist aus:

«Die Neurobiologie hat das zentralnervöse Substrat ausgemacht, in dem die Zentrierung der Gesamtpsyche stattfindet. Der Schweizer Physiologe Walter R. Hess (Nobelpreis 1949) [...] griff im hohen Alter noch die einst von seinem englischen Kollegen Charles Sherrington (Nobelpreis 1932) geäußerte Idee auf, im Großhirn befinde sich ein *Gesamtintegrationssystem*. Die Erforschung dieses Systems - abgekürzt Integrator genannt - hat er seinem jüngeren Mitarbeiter Gino Gschwend, einem passionierten Hirnforscher, überlassen.

Dieser hat dann die anatomische wie auch die funktionelle Grundstruktur des Integrators beim Menschen, der 70% seiner Hirnneuronen umfasst, erschlossen. [...] Der Integrator ist die *Kommandozentrale* der gesamten Hierarchie unbewusst arbeitender innersomatischer Integrationszentren. Er hat die *Gesamtübersicht*. Zu ihm fließt (als Input) die gesamte von den Sinnesanalysatoren vorbearbeitete Information über die Außenwelt, ferner Information über den Zustand des eigenen Bewegungsapparates, über den Zustand des visceralen Systems sowie des Wach-Schlaf-Systems. Der Integrator allein hat zudem die Übersicht über alle *Sollwerte:* über die genetisch fixierten (die arttypischen Muster) *und* über Erinnerungen an Ergebnisse früherer Lernprozesse. Ihm fließen auch die Instinktmotivationen zu. Aufgrund all dessen ist er in der Lage, *ein der gesamten momentanen Situation angepasstes Aktionsmuster zu entwerfen»* (Obrist 1999, 296 f.).

Die Entdeckung des Selbst hat für die Religion vernichtende Konsequenzen. Die Tiefenpsychologie ist der Feind Nr. 1 der Kollektiv-Religion, weil sie diese durch individuelle Spiritualität ersetzt und damit die Institution der Kollektiv-Religion entmachtet. Die Entdeckung des Selbst überwindet auch den archaisch-mythischen Dualismus. Wie bereits auf Stufe 2, so gibt es auch auf Stufe 3 nicht mehr zwei Welten (Diesseits/Jenseits), sondern nur noch eine einzige raumzeitliche Wirklichkeit. Das Sein hat jetzt jedoch *zwei Aspekte:* einen materiellen und einen geistigen.

Nun ist die Evolution des Universums kein geistloses Zufallsgebilde mehr, wie Positivismus und Atheismus glaubten. Der Streit zwischen den Anhängern von Darwins Evolutionslehre (Phase 2) und Fundamentalisten, die an ein «intelligent Design» glauben (Phase 1b), ist überholt. Die Alten bewunderten den Gott im Himmel, der ihnen nahe und fern zugleich war. Heute staunen wir über den schöpferischen Geist der Natur in und um uns, der uns oft verständlich ist, oft aber nicht.

Phase 3 fördert auch den inter- und transdisziplinären Dialog. Inter- und transdisziplinär dachten bereits Freud und Jung. Jung fand, die Begutachtung seines Lebenswerks müsse transdisziplinär erfolgen. Er nannte sich «ein etwas kompliziertes Phänomen, das kaum von einem einzigen Biografen behandelt werden kann» (Baire 841). Die Erforschung der Psyche hatte ihn in verschiedenste Fachgebiete geführt, z. B. : in die Ethnologie, Archäologie, Geschichte, Religionswissenschaft, Theologie, Philosophie, Biologie, Verhaltensforschung, Neurologie, Medizin, Psychiatrie.

Das Gremium zur Begutachtung von Jungs Lebenswerk trat nie zusammen. Dafür unterzog sich der Arzt Willy Obrist (*1918) einer inter- und transdisziplinären Ausbildung. Nach der Aufgabe seiner erfolgreichen Privatpraxis als Internist/Angiologe begann er 1964 am Jung-Institut in Zürich die Ausbildung in Psychotherapie; daneben arbeitete er sich als Mitglied der SHG (Stiftung für Humanwissenschaftliche Grundlagenforschung, ein Arbeitskreis für Schweizerische Hochschuldozenten) in den interdisziplinären Dialog ein.

Die Arbeit in der SHG und die Ausbildung am Jung-Institut führten anfangs der Siebziger Jahre zu Obrists «erster großer Erleuchtung» (2006, 141). Ihm ging auf, dass die Theologie unter dem objektiv Geistigen etwas fundamental Anderes versteht als die empirischen Wissenschaften der Moderne. Die beiden entwickelten sich in den letzten Jahrhunderten auseinander: Die Theologie blieb, trotz vieler Neuerungen im Detail, im Wesentlichen ihren auf Mythen beruhenden Dogmen verpflichtet, während sich die Naturwissenschaften ein empirisch begründetes, völlig neues Weltbild erarbeiteten. Die zunehmende Diskrepanz zwischen Theologie und Naturwissenschaft führte zum Dilemma zwischen Wissen und Glauben, das durch die Tiefenpsychologie überwunden wurde.

Der Dialog zwischen Gott und Mensch wird in Phase 3 abgelöst durch den Dialog zwischen Ich und Selbst. Das Ich will nicht mehr heilig (wie in Phase 1b) oder vernünftig (Phase 2) werden, sondern ganz und heil, ein vom Selbst geführter Führer. Die Beziehung zwischen Ich und Selbst vergleicht Obrist (1980) mit der Beziehung eines Filialleiters zum Generaldirektor eines Großunternehmens. Wenn der Dialog gepflegt wird und der Filialleiter seine Grenzen respektiert, blüht der Betrieb.

Ein anderes Bild für dieselbe Sache vergleicht den Menschen mit einem Trolleybus. Der Fahrer am Steuerrad (das Ich) fühlt sich frei; in Wirklichkeit hängt er aber mit seinen Bügeln (der Ich-Selbst-Achse) am Strom über ihm (am Selbst). Schert er zu weit nach links oder rechts aus und durchbricht die Leitplanken, bricht der Kontakt zur Stromversorgung ab, und der Bus kommt zum Stillstand. Wer von dem in ihm angelegten Entwicklungsprogramm zu sehr abweicht, verliert die Energie; denn in den Grundzügen bestimmen die natürlichen Gene unseren Weg. Diese sind stärker als das Ich. Das Ich ist im Selbst integriert (nicht, wie im Positivismus, Herr über das Unbewusste).

In Phase 3 feiern die Mythen ein Comeback. Sie werden jetzt nicht mehr konkretistisch, sondern symbolisch verstanden, als Seiten eines großen Bilderbuchs über die Seele.

Ein Beispiel: Der Mythos, Moses habe das Meer mit seinem Stab geteilt (2. Mose $14_{16\,\text{ff.}}$), wird auf Stufe 1 wortwörtlich geglaubt. Auf Stufe 2 wird er als «Kinderglaube» abgetan, weil er physikalisch nicht möglich ist. Auf Stufe 3 wird er als Symbol für die Macht des reifen Bewusstseins aufgefasst:

Moses und sein Stab symbolisieren den inneren Meister, der die Fluten des Lebens teilt und dank seiner Bewusstheit den Weg findet.

Auf Stufe 3 fragt sich der Hörer des Mythos: «Wie meistere *ich* die Fluten des Lebens, wenn sie mich überschwemmen wollen? Was sagen mir *mein* Moses und *mein* Stab? Wie weit kann *mein* Bewusstsein Ordnung ins Chaos bringen?» Nun regt der Mythos zur Bewusstwerdung an. «Wade in the Water» - mit diesem afroamerikanischen *Spiritual* können Positivisten nichts anfangen. Das Symbol: «Der Weg durch die Flut» ist aber archetypisch; auf Stufe 3, symbolisch verstanden, lässt sich der Spiritual mit Begeisterung singen!

Das gesamte Glaubensgut der Religionen wird nun symbolisch verstanden. Was einst konkretistisch für wahr gehalten wurde, entpuppt sich als *psychologische* Weisheit. Der traditionelle Glaube wird nicht abgeschafft, aber neu verstanden. Die Hermeneutik liefert die Tiefenpsychologie. Wer ein zeitgemäßer Theologe sein will, muss sich darum die tiefenpsychologische Hermeneutik aneignen - doch dann ist er kein zünftiger Theologe mehr, sondern «verrät die Geschichtlichkeit des Evangeliums» an die weltliche Tiefenpsychologie.

Um nicht «Verräter am Evangelium» zu werden, versuchen manche Theologen, beiden Seiten gerecht zu werden: Sie wollen Theologen bleiben, gleichzeitig aber tiefenpsychologisch «in» sein. Das führt dazu, dass sie - wie weiland das Volk Israel zwischen dem Propheten Elia und den 450 Propheten des Baal (1. Könige 18_{21}) - «auf beiden Seiten hinken» [...]

Dieses «Hinken auf beiden Seiten» ist in unserer ‹Multikulti-Gesellschaft› allgemein verbreitet; viele schwadronieren in allen drei kognitiven Grundmustern herum: In der Arbeitswelt leben sie in Phase 2, an Feiertagen und bei Familienfesten (z. B. an Weihnachten, bei Abdankungen, Hochzeiten und Taufen) regredieren sie in Phase 1, und in esoterischen Zirkeln liebäugeln sie mit Phase 3. Das ist nicht so harmlos, wie es auf den ersten Blick aussieht; denn es fördert neurotisierendes Schubladendenken und doppelbödige Moral.

Die Aufforderung des Propheten Elia, sich klar zu entscheiden, wohin man gehöre, ist heute noch bedenkenswert; sie fördert die Bewusstwerdung, den Individuationsprozess. Elia war einer gegen 450. Er baute auf sein Selbst, die andern auf das Kollektiv. Da das Selbst stärker ist als das Ich, obsiegte Elia im biblischen Mythos.

Nachweis der Bewusstseinsevolution

Interdisziplinäre Begründung

Nach der Schilderung, *wie* die Bewusstseinsevolution verlief, folgt jetzt der Nachweis, *dass* es dabei um die Entwicklung von Bewusstsein ging und dass dieser Prozess darum als Bewusstseinsevolution bezeichnet werden kann. In: «Religiosität ohne Religion» führt Obrist aus:

«Diesem Buch liegt die evolutionäre Betrachtung zugrunde. Nun ist diese Sichtweise relativ neu. Zwar hat man sich schon seit Langem darum bemüht, doch konnte ein wirklich griffiger Ansatz zum Nachweis der Bewusstseinsevolution erst in jüngster Zeit gefunden werden. Da mir daran gelegen ist, dass der Leser die hier dargelegten Gedankengänge selber nachvollziehen kann, möchte ich die Überlegungen skizzieren, auf denen dieser neue Ansatz beruht.

Betrachten wir zuerst einen früheren, untauglichen Versuch: den kulturphilosophischen. Als die Idee der Bioevolution aufkam – das war schon lange, bevor Darwin der empirische Nachweis derselben gelang –, fingen Kulturhistoriker bzw. Kulturphilosophen an, auch von *kultureller* Evolution zu reden. Bei ihrem Bemühen, eine solche darzustellen, gingen sie einfach in der Weise vor, dass sie versuchten, das ethnografische und kulturhistorische Material nach äußeren Merkmalen in verschiedene Entwicklungsstadien einzuteilen.

Eröffnet wurde die Reihe der ‹Evolutionisten›, wie sie später von ihren Kritikern genannt wurden, durch Auguste Comte (1798–1857). Dieser unterschied drei Stadien: ein theologisches, ein metaphysisches und ein positives. Als Klassiker gelten Herbert Spencer (1832–1917) und Edward Tylor (1820–1903). Einer der letzten Vertreter der kulturphilosophischen Richtung war Jean Gebser (1905–1972). Er sah fünf Stadien: ein archaisches, ein magisches, ein mythisches, ein mentales und schließlich ein (heute aufkommendes) integrales. So gescheit und so reich mit kulturgeschichtlichem Wissen befrachtet diese Entwürfe waren, sie griffen nicht wirklich; denn sie vermochten den ‹Kern der Sache› nicht herauszuschälen; insbesondere vermochten sie nicht, die innere Gesetzmäßigkeit dessen sichtbar zu machen, was sie ‹kulturelle Evolution› nannten.

Aus heutiger Sicht lässt sich erkennen, dass ihre Versuche scheitern mussten, weil damals die Zeit für die Lösung des Problems noch nicht reif war. Erstens fehlten die heute zur Verfügung stehenden Einsichten der biologischen Kognitionsforschung und der Tiefenpsychologie; aus diesem Grund richteten die ‹Evolutionisten› ihren Blick nur auf die Kultur und nicht auf das kognitive System, das Kultur hervorbringt: das Bewusstsein. Zweitens war das interdisziplinäre, die Fakultäten übergreifende Denken noch nicht eingeübt. Gerade letzteres ist aber unabdingbare Voraussetzung für ein tieferes Erfassen der Bewusstseinsevolution.

Aus Mangel an interdisziplinärem Denken greifen auch Entwürfe heutiger Naturwissenschaftler nicht. Zwar geht es bei diesen nicht in erster Linie darum, die Evolution des Bewusstseins darzustellen, sondern die der Lebewesen, eventuell auch die des Kosmos. Diese Evolutionsabschnitte beschreiben sie meistens mit großer Sachkompetenz. Am Schluss hängen sie dann, sozusagen zur Abrundung, noch ein oder mehrere Kapitel über die kulturelle Evolution an. Dabei unterlassen sie es jedoch, sich in das ethnografische und kulturhistorische Material zu vertiefen und aus diesem die spezifischen Gesetzmäßigkeiten der Bewusstseinsevolution herauszuarbeiten. Sie extrapolieren die ‹Mechanismen›, die bei der Bioevolution beobachtet werden können, auf die kulturelle Evolution. […] So faszinierend solche Entwürfe, die einen Bogen vom Urknall bis Beethoven spannen, sein können – eine Antwort auf die Frage, wie aus der heutigen Orientierungslosigkeit herauszukommen sei, ergibt sich aus ihnen nicht.

Jeder der beiden untauglichen Versuche ist unter anderem daran gescheitert, dass die Autoren nicht im eigentlichen Sinne des Wortes *interdisziplinär* zu denken vermochten, sondern nur als Geistes- oder als Naturwissenschaftler. Demgegenüber ist der neue Ansatz gerade dadurch charakterisiert, dass er prinzipiell interdisziplinär ist: dass er nicht nur die Forschungsergebnisse der Ethnologie und Kulturgeschichte berücksichtigt, sondern auch die der evolutionären biologischen Kognitionsforschung und der Tiefenpsychologie» (Obrist, 2009, S. 19 f.).

Voraussetzung für den Nachweis der Bewusstseinsevolution ist eine handliche Definition von «Bewusstsein». Eine solche ermöglicht der evolutionäre Gesichtspunkt. Er fragt: «Welche kognitive Fähigkeit entstand mit dem Little Bang?» Anhand von

Spiegelexperimenten mit Schimpansen ergab sich folgende Antwort: «Mit dem Little Bang trat die Fähigkeit zu *bewusster Unterscheidung* ins Leben.» Obrist schreibt dazu:

> «In den Siebzigerjahren des vergangenen Jahrhunderts ist es mir dann – im Rahmen der Stiftung für Humanwissenschaftliche Grundlagenforschung – gelungen, einen methodischen Ansatz zu erarbeiten, der greift. Dieser ist nicht mehr spekulativ-philosophisch, sondern naturwissenschaftlich fundiert. Auch wird dabei nicht mehr von kultureller Evolution gesprochen, sondern von Evolution des Bewusstseins: jenes kognitiven Systems, das den Menschen befähigt, Kultur hervorzubringen. [...]
>
> Dem neuen methodischen Ansatz liegen folgende Überlegungen zugrunde. Um den Komplexitätsgrad (die Evolutionshöhe) eines Systems – sei dies ein atomares, ein molekulares, ein lebendiges oder ein kognitives – zu bestimmen, muss man dessen grundlegende Eigenschaften kennen. [...] Um diese zu bestimmen, musste man herausfinden, welche kognitive Fähigkeit beim Schritt vom Tier zum Menschen – vom unbewussten zum bewussten Lebewesen – zu den schon so hoch komplexen kognitiven Fähigkeiten der evolutionsmäßig höchsten Wirbeltiere hinzugekommen ist. [...] Nun zeigten Spiegelexperimente mit Schimpansen, unseren nächsten stammesgeschichtlichen Verwandten, dass bereits vor dem In-die-Welt-Treten von Bewusstsein in unserer Stammesgruppe so etwas wie ein Tasten auf Bewusstsein hin festzustellen war. Die neue kognitive Eigenschaft, die beim Schritt vom Tier zum Menschen fulgurierte, war die Fähigkeit zur Unterscheidung zwischen Ich und Nicht-Ich bzw. zwischen Subjekt und Objekt. Sie gilt als die charakteristische Eigenschaft von Bewusstsein.» (Obrist 2007, 15 f.)

Die Fähigkeit zu bewusster Unterscheidung schafft Distanz. Diese ist ein Merkmal von Bewusstheit. Unbewusste Geschöpfe sind eins mit ihrer Umgebung. Die kritische Distanz erweitert den Handlungsspielraum des menschlichen Ich. Dieses erfährt die Erweiterung seiner Möglichkeiten als Gewinn an Freiheit. Es wächst und wird stärker. Die Energie, die zuvor vom Instinkt gesteuert wurde, steht nun dem Ich frei zur Verfügung. Unbewusst lebende Menschen sind unfrei und ich-schwach. Das Ich verfügt in Phase 3 über mehr Ich-Stärke, mehr innere und äußere Freiheit als in Phase 1. Die Zunahme von Freiheit und Ich-Stärke sind untrügliche Anzeichen der Bewusstseinsevolution.

Mythologisch kommt die Bewusstwerdung im Bild der Aufspaltung des Uroboros, des Ur-Einen in die Zwei, zum Ausdruck (vgl. dazu insbesondere Neumann 1949). Der biblische Weltenschöpfer macht aus dem chaotischen Urbrei lauter Gegensatzpaare, die «Tage» der Schöpfung (Abbildung 10).

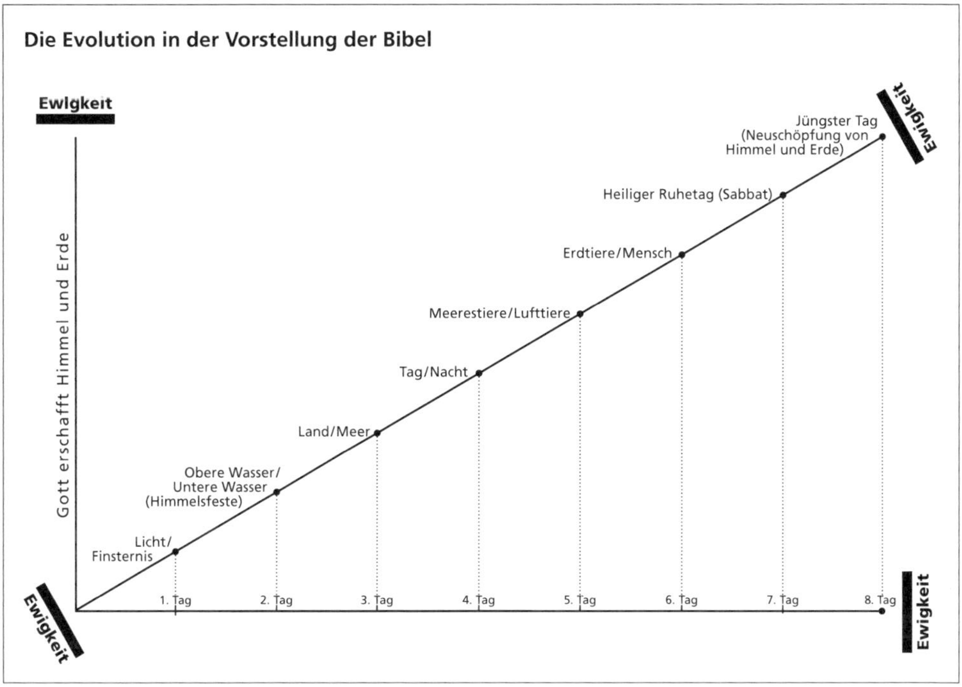

Abbildung 10: Diagramm der Weltschöpfung nach der Bibel (1. Mose 1)

Der Prozess beginnt nicht umsonst mit dem Wort: «Es werde Licht!» Der biblische Schöpfungsmythos bildet die menschliche Bewusstwerdung ab. Ordnung entsteht durch Unterscheidung.

Wo bewusstes Unterscheiden zur Herrschaft gelangt, wird ständig aufgeteilt, differenziert und abgegrenzt. Die Wissenschaft analysiert und zerlegt unablässig. Wenn sich in Mythen und Träumen die Zahl Zwei häuft, weist dies auf die Bewusstwerdung hin.

Aus der instinktiven Ureinheit mit der Welt begann sich der Mensch durch Bewusstwerdung herauszulösen. Diese keimte bei höher entwickelten Säugetieren, insbesondere bei Primaten, kam aber erst bei Homo sapiens zum Tragen (Abbildung 11)

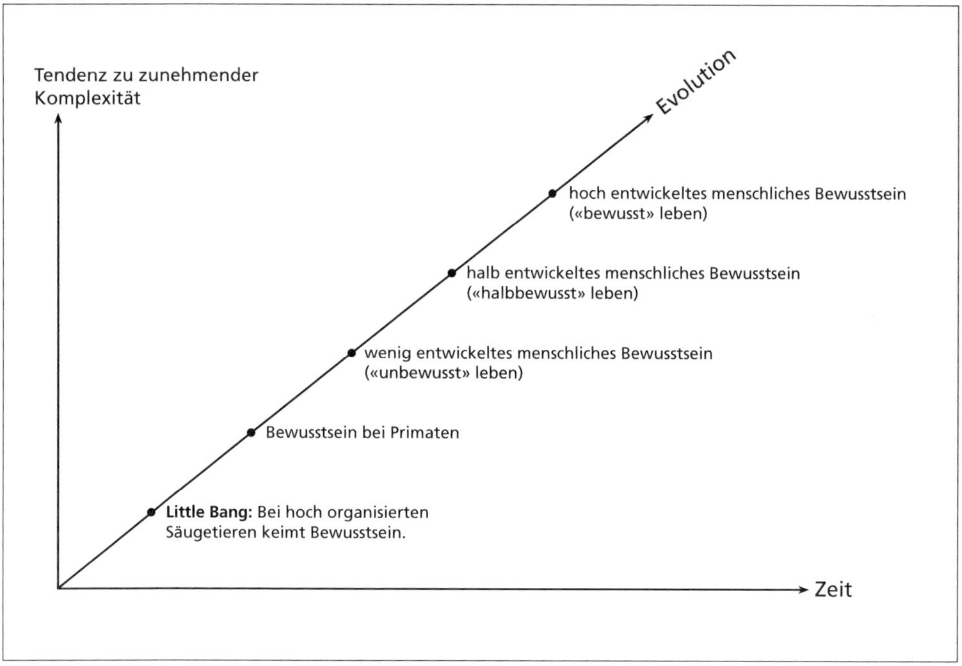

Abbildung 11: Menschwerdung und Bewusstwerdung

Das Neue an Obrists Theorie der Bewusstseinsevolution ist ihre interdisziplinäre Verwurzelung in der Evolution. Das Bewusstsein fiel nicht an jenem Tag vom Himmel, als der Mensch die Bühne der Welt betrat; es entwickelte sich während unermesslicher Zeiträume aus unbewusst funktionierenden, hoch entwickelten kognitiven Fähigkeiten. Die Evolutionshöhe des Bewusstseins einer bestimmten Kultur lässt sich in einem ersten

Schritt damit bestimmen, dass man deren Erzeugnisse den bisherigen kognitiven Grundmustern (den Phasen 1, 2, 3) zuordnet. Diese Grobsortierung ist leicht zu handhaben.

Die Feinbestimmung (Untergruppen von 1, 2, 3) hingegen ist noch nicht entwickelt. Einen ersten Ansatz bilden die Phasen 1a und 1b (früh- und spätarchaisches Denken).

Sieben Hindernisse

Obwohl Obrist die Bewusstseinsevolution bereits vor 4 Jahrzehnten nachgewiesen hat, ist sie noch immer kein Gesprächsthema. Von den zahlreichen Hindernissen, die ihrer Verbreitung im Wege stehen, zähle ich nun deren sieben auf.

1. Neophobie

Die Neophobie (Angst vor Neuem) ist die eigentliche Gegenkraft gegen die evolutionäre Tendenz. Je weniger entwickelt ein Bewusstsein ist, desto größer ist seine Neophobie. Neophobe Menschen und Gesellschaften sind nicht flexibel, sondern stur; Neuerungen überfordern sie. «Was der Bauer nicht kennt, isst er nicht.»

Die sich in der westlichen Welt seit dem 20. Jahrhundert einbürgende Erziehung der Kinder zu geistiger Eigenständigkeit ist die beste Methode zur Überwindung der Neophobie. Wer nur zum Gehorsam erzogen wird, bleibt geistig unselbstständig und wird nie imstande sein, Neues unvoreingenommen und eigenständig zu prüfen.

In Europa begann sich im 18. Jahrhundert die Aufklärung durchzusetzen. Als der Philosoph Immanuel Kant (1724–1804) im Alter einmal gefragt wurde, ob er in einem aufgeklärten Zeitalter lebe, antwortete er: «Nein, aber in einem Zeitalter der Aufklärung.» Der Prozess der Aufklärung, die zur geistigen Mündigkeit des Einzelnen führt, konnte in Europa in den letzten Jahrhunderten kollektiv Fuß fassen, ist aber auch hier noch lange nicht überall an ihrem Ziel angelangt.

Mit der Neophobie ist ein zweites Hindernis fest verknüpft, die Religion.

2. Religion

Die Neophobie der verschiedenen religiösen Gemeinschaften ist unterschiedlich stark ausgeprägt. Das orthodoxe Judentum, die offizielle römisch-katholische Kirche und der traditionelle Islam sind neophober als liberale Juden, Christen und Muslime. Grundsätzlich müssen aber sämtliche Religionen die Existenz einer Bewusstseinsevolution ablehnen. Der Grund dafür ist ihr Offenbarungsglaube. Sie glauben nämlich, auf dem ewig gültigen Fundament der Offenbarung zu stehen, die an ihre Gründerväter erging. Die Offenbarung ist unantastbar, tabu. Was die Schrift (Weda, Bibel, Koran etc.) sagt, ist vollkommen und kann darum nicht weiter entwickelt werden.

Falls eine Religion auf Abwege gerät, muss sie *re-formiert,* in ihre ursprüngliche Form zurückgeführt werden. Religionen sind nicht vorwärts, sondern rückwärts orientiert; sie leben im Bann der goldenen Ursprungszeit. Sie meinen, alle Probleme aller Zeiten seien durch Rückgriffe auf die Offenbarung zu lösen. Global gesehen ist die Religion ein mächtiger Gegner der Bewusstseinsevolution, allen voran der islamistische Terrorismus.

Die Gründung von Religionen war oft ein Fortschritt in der religiösen Evolution; doch bald danach erhielt jeweils die *Neophobie* Oberhand. So entstand die Orthodoxie, die den allein selig machenden Glauben der Gründerväter bewahrte und zu diesem Zweck Wächterräte, Glaubenskongregationen, Inquisitionsbehörden etc. errichtete.

Als Beispiel sei die Reformation des 16. Jahrhunderts erwähnt. Diese war einst ein großer Evolutionsschritt auf dem Weg zur religiösen Mündigkeit des Einzelnen; denn im Kern befreite sie die individuelle Religiosität von der kollektiv verbindlichen Heilsanstalt. Sie verkündete: «Jedermann ein Priester!» Durch die Abschaffung des Weihpriestertums erlitt die Kirche eine schwere Machteinbuße; denn nun war die Teilnahme an den sakramentalen Riten der Kirche nicht mehr heilsnotwendig.

Für die gebildete, eigenständig denkende Elite des 16. Jahrhunderts war die Reformation ein willkommener Fortschritt. Das Gros des ungebildeten Volkes hingegen war mit der Idee eines «allgemeinen Priestertums» hoffnungslos überfordert. Damals bestimmte noch die Obrigkeit, was der gemeine Mann (von der Frau nicht zu reden!) zu glauben hatte. Die Befreiung drohte in ein religiöses Chaos mit Sektenbildung auszuarten. Darum musste die Obrigkeit zurückbuchstabieren. Sie zog die Zügel an und errichtete wieder eine kollektiv verbindliche Heilsanstalt mit neuen Dogmen und Autoritäten: die protestantische Kirche. Das Motto der Reformatoren: «*Ecclesia semper reformanda!*» («Die Kirche ist stets zu reformieren!») wurde nur noch am Reformationssonntag zitiert (eigentlich müsste es lauten: «Die Religiosität ist zeitgemäß zu gestalten; die Kirche muss kreativ nach vorn und nicht pietätvoll zurückblicken!»).

Die liberale Theologie wurde im 19. Jahrhundert wichtig. Sie eroberte die theologischen Fakultäten an den Universitäten. Liberale Pfarrer gründeten Schulen und Spitäler und förderten tatkräftig die religiöse Individualisierung. Im 20. Jahrhundert wurde das liberale Denken von der Dialektischen Theologie (Karl Barth 1886–1968 u. a.) unterdrückt. Die reformierte Kirche kehrte nun zur goldenen Ursprungszeit im 16. Jahrhundert zurück. Ich zählte mich bis zu meinem Kirchenaustritt zu den letzten Mohikanern der liberalen Theologie, die die reformierte Kirche zeitgemäß umformen wollten. Sowohl die reformierte wie die katholische Kirche sind heute auf dem Weg zurück zum wahren Glauben der Väter. Die konservative Einstellung führt zur «Gesundschrumpfung»: zum dogmatisch korrekten Glauben, aber auch zur Entleerung der Kirchen.

Der Glaube an die Offenbarung ist heute nicht mehr stichhaltig; inzwischen wies die Tiefenpsychologie nämlich nach, dass Offenbarungen nicht aus einem außen gelegenen Jenseits zum Menschen kommen, sondern aus dem unbewussten in den bewussten Bereich der Psyche fließen. Für tiefenpsychologisch Informierte sind Offenbarungen darum natürliche, nicht übernatürliche Phänomene. Da sie als Impulse des Unbewussten immer *ad hoc* (in konkrete Situationen hinein) erfolgen, sind sie nie ewig, sondern nur so lange gültig, wie die zurzeit herrschende psychische Konstellation besteht.

3. Statisches Denken

Das evolutionäre Denken, das mit dem Namen Darwins (1809–1882) verbunden ist, hat sich immer noch nicht wirklich durchgesetzt. Immer noch grassiert das statische Denken von Phase 1, insbesondere dort, wo die Religion den Ton angibt. Wer z. B. glaubt, ein jenseitiges Wesen habe vor 6000 Jahren die Welt in 6 Tagen zu Ende erschaffen und sich dann bis zum Jüngsten Tag (der nahe ist!) zufrieden zur Ruhe gesetzt (1. Mose 1$_{31}$ ff.), hat taube Ohren für die Bewusstseinsevolution. Für archaisches Denken ist die Welt ein festes Gefüge, nicht etwas, das stets im Fluss ist und sich immer weiter entwickelt (vgl. Abb. 10).

4. Zusammenbruch des Fortschrittsglaubens

Aufklärung und Positivismus waren fortschrittsgläubig. Was die Gläubigen einst von Gott erwartet hatten, erwartete der mündige Mensch der Neuzeit von seiner Vernunft. Er wollte die Nacht des Mittelalters durch das Licht der zivilisierten Neuzeit überwinden. Nun würde es endlich tagen! Der idealistische Fortschrittsglaube wurde im 20. Jahrhundert durch die beiden Weltkriege, den Zusammenbruch der europäischen Kolonialreiche, die antiautoritäre Bewegung, die sexuelle Revolution, den Zerfall der Sitten und die Übermacht des Unbewussten (Freuds dritte «Kränkung») schwer angeschlagen. An die Stelle des Glaubens an eine bessere Zukunft trat eine allgemeine Orientierungslosigkeit, und diese rief den militanten Fundamentalismus auf den Plan, der das Chaos perfekt machte.

5. Multikulti-Mentalität

In modernen Multikulti-Gesellschaften leben verschiedene Zeitalter zusammen. Toleranz ist in einem säkularen Staat (Phase 2) unabdingbar; man denkt mit Friedrich dem Großen (1712–1786), jeder müsse nach seiner Fasson selig werden. Diese westliche Errungenschaft ist grundsätzlich positiv zu werten, hat aber auch eine negative Kehrseite, nämlich die Indifferenz «letzten Fragen» gegenüber. Viele spüren instinktiv, dass die Bewusstseinsevolution irgendetwas mit Religion zu tun hat. Da religiöse Diskussionen aber oft zu Zank und Streit oder gar Krieg führen, lässt man die Finger davon und verschließt sich der Idee der Bewusstseinsevolution.

6. Gleichwertigkeit der Kulturen

Ein weiteres Hindernis für die Bewusstseinsevolution ist die unverdaute Kolonialzeit. Der weiße Mann nützte die Überlegenheit seines Bewusstseins über das von «primitiven» Völkern oft schamlos aus. Heute schämt er sich seiner Untaten und hat einen Schuldkomplex, der ihm einen realistischen Umgang mit dem Problem erschwert. Die Kolonialzeit ist im Westen so wenig aufgearbeitet wie die Hitlerzeit in Deutschland.

Zur Lösung dieses heiklen Problems entwickelte die Ethnologie mit Erfolg die Theorie von der *Gleichwertigkeit aller Kulturen.* Wer sich heute in der Dritten Welt nicht daneben benehmen will, muss dieses Dogma hinnehmen. Wer es tut, stellt sich damit aber gegen die Bewusstseinsevolution, wer nicht, wird als Chauvinist und Ausbeuter gebrandmarkt.

Das Schlagwort von der Gleichwertigkeit der Kulturen verschleiert die Tatsache, dass global große Unterschiede in der Entwicklung des Bewusstseins bestehen. Erst diese Erkenntnis ermöglicht nachhaltige Entwicklungshilfe; nur wer weiß, wo der Hebel anzusetzen ist, kann effizient helfen. Wer in Phase 1 lebt, erreicht Phase 3 nicht mittels Dollars, sondern durch die Entwicklung seines Bewusstseins, durch Arbeit an sich selbst.

Zum Kolonialkomplex gehört auch das Bild vom «glücklichen Eingeborenen». Noch immer kann man den Ruf hören: «Lasst doch die von der Zivilisation noch nicht verdorbenen Naturkinder in Ruhe!» Hinter diesem Bild steckt die romantische Sehnsucht nach dem verlorenen Paradies: *«Retour à la nature!»* Man projiziert die eigene Kindheit in «Eingeborene» hinein.

7. Oberflächlichkeit

Ein letztes Hindernis der Bewusstseinsevolution sehe ich in der Überbetonung der Persona und einem oberflächlichen Leben, das seinen Ursprung in der Verdrängung der inneren Wahrnehmung hat (Phase 2). Ohne die Wende nach innen (Phase 3), die Einkehr ins «stille Kämmerlein» (Matthäus 6,6), beginnt der Mensch nicht, tiefer zu graben.

Fazit: Karls Traum im Kontext der Bewusstseinsevolution

Karls Traum gehört zum früharchaischen Weltbild (Phase 1a). Dagegen lässt sich einwenden, Karl sei damit gar nie in Berührung gekommen. In der Tat wurde Karl getauft und von allem Anfang an im christlichen Glauben erzogen (Phase 1b). Das war die äußere Realität; doch in Karls Innerem sah es anders aus: Der König der Unterwelt (Phase 1a) gehört zum menschlichen Erbgut, und dieses lässt sich weder durch den Taufritus noch durch die Erziehung austreiben.

Nach dem *logogenetischen Gesetz* durcheilt jeder Mensch im Verlauf seiner individuellen geistigen Entwicklung die bisherige Bewusstseinsevolution seines Kollektivs. Ernst Häckel (1834–1919) entdeckte das *biogenetische Grundgesetz,* wonach ein Individuum während seiner Ontogenese (der biologischen Entwicklung des Individuums von der Eizelle bis zur Endform) die Phylogenese (die biologische Evolution der Art) in geraffter Form wiederholt. Dieses biologische Gesetz brachte mich auf die Idee, es müsse beim Menschen, weil Natur und Kultur kooperieren, auch ein *logogenetisches* Gesetz geben, das die geistige Entwicklung regelt: Demnach wiederholt der Einzelne während seiner geistig-seelischen Entwicklung die Bewusstseinsevolution seines Kollektivs mit Siebenmeilenstiefeln. Biologisch sitzt der Mensch auf den Schultern der Phylogenese, geistig auf den Schultern der Bewusstseinsevolution des Kollektivs, in dem er heranwächst (Kaufmann 2006, Punkt 1. 2. 4., Diagramm 4).

Das logogenetische Gesetz revolutioniert die religiöse Erziehung. Ich trete hier nicht auf die gesamte Problematik ein, sondern skizziere sie nur grob im Blick auf Karls Traum:

Karls Taufe und Erziehung wollten Phase 1a ausklammern. Die christliche Taufe ist ein magischer Ritus, der mithilfe von drei gesegneten Wassertropfen (im Namen des Vaters, des Sohnes und des Heiligen Geistes) vollzogen wird. Er kann nur von einem geweihten, mit der *sacra potestas* (der heiligen Wirkmacht) versehenen Priester *rite* ausgeübt werden. Das Taufsakrament wäscht den natürlichen, infolge der Erbsünde verdammenswürdigen Heiden ab, um die Kraft zum Guten im Menschen zu stärken und ihn vor dem Teufel zu bewahren.

Karls Eltern glaubten, ihr Kind komme ohne Taufe nicht in den Himmel, sondern sei «verloren». Darum musste Karl getauft werden. Indem der heilige Ritus den König der Unterwelt entmachtete, schränkte er Karls seelische Entfaltung ein. Doch der Traum korrigierte wieder, was Taufe und Erziehung falsch gemacht hatten; er setzte den König der Unterwelt wieder auf seinen Thron, von dem ihn die Taufe gestoßen hatte. Wie viel es brauchte, bis die kirchliche Erziehung rückgängig gemacht war, zeigte das Kapitel über die Integration des Königs der Unterwelt.

Artikel 1 und 2 der Allgemeinen Erklärung der Menschenrechte durch die GV der UNO am 10. Dezember 1948 garantieren jedem Menschen die freie Entfaltung seiner Persönlichkeit: «Alle Menschen sind frei. [...] Jeder Mensch hat Anspruch auf die in dieser Erklärung verkündeten Rechte und Freiheiten.» Der kirchliche Ritus der Säuglingstaufe in seinem ursprünglichen, heute noch von der katholischen Kirche gelehrten Sinn verstößt gegen das moderne Menschenrecht auf ganzheitliche seelische Entfaltung. Zudem ist die Säuglingstaufe als magischer Ritus nicht mehr zeitgemäß.

Wenn sie aber ersatzlos gestrichen wird, bleibt ein seelenloses Loch. Aus diesem Grund sollte die Säuglingstaufe durch einen zeitgemäßen Ritus ersetzt werden, etwa durch das Versprechen der Eltern, ihr Kind mit Verständnis und Liebe zu begleiten. Auch das wäre ein Grund für ein feierliches Fest. Man dankt für die Gabe und sieht die Aufgabe. Diese Zeremonie benötigt kein priesterlich präpariertes Taufwasser und auch keinen Priester mehr, der den heiligen Ritus kraft seiner Weihe korrekt vollziehen kann. Mündig gewordene Eltern und deren Freunde und Verwandten genügen. Das ist die Ablösung der Kollektiv-Religion durch individuelle Spiritualität. So viel zur Auswirkung des logogenetischen Gesetzes auf die religiöse Erziehung.

Im Horizont der Bewusstseinsevolution verlief Karls geistig-seelische Entwicklung (Phase 1a → 3) wie folgt:

Phase 1a wurde nachträglich durch den Kindertraum konstelliert. Dieser war derart eindrücklich, dass Karl fortan nicht mehr darum herumkam, sich mit dem König der Unterwelt zu befassen. Auf diese Weise kam Phase 1a in Karls Leben zurück.

Phase 1b erlebte Karl in seinem Elternhaus und seiner Umgebung. Er überwand diese Phase aufgrund einer Anregung von innen her: durch eine Vision zu Beginn der Pubertät.

Phase 2 erlebte Jung in seiner Adoleszenz und im Studium. Nun mutierte der unterirdische Gott zum geistlosen Sexualtrieb, den der junge Mann mithilfe seiner Vernunft und seines Willens beherrschen musste. Aus Karl wurde der tüchtige junge Arzt C. G. Jung. Die Begegnung mit Freud führte ihm die Macht des Sexualtriebes wissenschaftlich fundiert vor Augen.

Phase 3 brachte Jung - nach dem Bruch mit Freud - die Entdeckung des Selbst und der Archetypen. Nun mutierte der unterirdische Gott des Kindertraums nochmals: Er wurde zu einer schöpferischen Potenz im Erdpol der Psyche, die sich danach sehnt, angenommen, ernst genommen, kultiviert und ins Leben integriert zu werden. Damit beschritt Jung den Individuationsprozess (seelische Ganzwerdung) und öffnete, zusammen mit anderen Pionieren, das Tor zum integralen Zeitalter.

Pubertätsvision: Das Basler Münster

«An einem schönen Sommertag desselben Jahres (1887) kam ich mittags aus der Schule und ging auf den Münsterplatz. Der Himmel war herrlich blau, und es war strahlender Sonnenschein. Das Dach des Münsters glitzerte im Licht, und die Sonne spiegelte sich in den neuen, bunt glasierten Ziegeln. Ich war überwältigt von der Schönheit dieses Anblicks und dachte: ‹Die Welt ist schön, und die Kirche ist schön; Gott hat das alles geschaffen und sitzt darüber, weit oben im blauen Himmel, auf einem goldenen Thron und …›

Hier kam ein Loch und ein erstickendes Gefühl. Ich war wie gelähmt und wusste nur: Jetzt nicht weiterdenken! Es kommt etwas Furchtbares, das ich nicht denken will, in dessen Nähe ich überhaupt nicht kommen darf. Warum nicht? Weil du die größte Sünde begehen würdest! Was ist die größte Sünde? Mord? Nein, das kann es nicht sein. Die größte Sünde ist die wider den Heiligen Geist, die wird nicht vergeben. Wer sie begeht, ist auf ewig in die Hölle verdammt. Das wäre doch für meine Eltern zu traurig, wenn ihr einziger Sohn, an dem sie so sehr hängen, der ewigen Verdammnis anheim fiele. Das kann ich meinen Eltern nicht antun. Ich darf auf keinen Fall weiter daran denken!

Das war nun leichter gedacht als getan. […] Ich kam in einem ziemlich gestörten Zustand nach Hause. Meine Mutter merkte, dass etwas mit mir los war und fragte: ‹Was ist mir dir?› […] Sie konnte unmöglich wissen, dass ich in Gefahr stand, die unverzeihliche Sünde zu begehen und mich in die Hölle zu stürzen. Ich verwarf den Gedanken an ein Geständnis und versuchte, mich möglichst unauffällig zu verhalten. In der Nacht schlief ich schlecht; immer wieder versuchte sich der verbotene Gedanke, den ich nicht kannte, hervorzudrängen, und ich rang verzweifelt, ihn abzuwehren. Die nächsten zwei Tage waren qualvoll, und meine Mutter war überzeugt, dass ich krank sei […]

In der dritten Nacht aber wurde die Qual so groß, dass ich nicht mehr wusste, was tun. Ich war aus unruhigem Schlaf erwacht und ertappte mich gerade noch dabei, wieder ans Münster zu denken. Beinahe hätte ich weiter gedacht! Ich fühlte, dass meine Widerstandskräfte nachließen. Ich schwitzte vor Angst und setzte mich im Bett auf, um den Schlaf abzuschütteln: ‹Jetzt kommt es, jetzt gilt es ernst! Ich muss denken.› […]

Das habe ich nicht gemacht und gewollt. Es ist an mich gekommen wie ein böser Traum. Woher kommen solche Dinge? Es ist mir passiert ohne mein Zutun. […] Ich konnte aber unmöglich nachgeben, bevor ich verstand, was Gottes Wille war und was Er bezweckte. Ich war nämlich dessen sicher, dass Er der Urheber dieser verzweifelten Schwierigkeit war. […] So stand es für mich außer Frage, dass es Gott war, der eine entscheidende Probe mit mir anstellte, und dass alles darauf ankam, ihn richtig zu verstehen. […] Sollte es sein, dass er meinen Gehorsam prüfen will, indem er mir die Aufgabe stellt, etwas zu tun, wogegen ich mich aus allen Kräften sträube, weil ich die ewige Verdammnis fürchte? […]

Könnte es sein, dass Gott sehen möchte, ob ich imstande sei, Seinem Willen zu gehorchen, obwohl mich mein Glaube und meine Einsicht mit Hölle und Verdammnis schrecken? Das könnte es wahrhaftig sein! […] ‹Gott will offenbar auch meinen Mut›, dachte ich. ‹Wenn dem so ist und ich tue es, dann wird er mir Seine Gnade und Erleuchtung geben.›
Ich fasste allen Mut zusammen, wie wenn ich in das Höllenfeuer zu springen hätte, und ließ den Gedanken kommen:

Vor meinen Augen stand das schöne Münster, darüber der blaue Himmel, Gott sitzt auf goldenem Thron, hoch über der Welt, und unter dem Thron fällt ein ungeheures Exkrement auf das neue bunte Kirchendach, zerschmettert es und bricht die Kirchenwände auseinander.

Das war es also! Ich spürte eine ungeheure Erleichterung und eine unbeschreibliche Erlösung. Anstelle der erwarteten Verdammnis war Gnade über mich gekommen und damit eine unaussprechliche Seligkeit, wie ich sie nie gekannt hatte. Ich weinte vor Glück und Dankbarkeit. […]

Das gab mir das Gefühl, eine Erleuchtung erlebt zu haben. Vieles wurde mir klar, was ich zuvor nicht verstehen konnte. Ich hatte erfahren, was mein Vater nicht begriffen hatte: den Willen Gottes, dem er sich aus den besten Gründen und dem tiefsten Glauben widersetzte. Darum hatte er auch nie das Wunder der Gnade erlebt, die alles heilt und alles verständlich macht. [...] Er kannte nicht den lebendigen unmittelbaren Gott, der allmächtig und frei über Bibel und Kirche steht, den Menschen zu seiner Freiheit aufruft und ihn zwingen kann, auf seine eigenen Ansichten und Überzeugungen zu verzichten. [...]

Gott lässt sich in seiner Erprobung des menschlichen Mutes nicht beeinflussen durch Traditionen, und wären sie noch so heilig. [...] Wenn man den Willen Gottes erfüllt, kann man sicher sein, den richtigen Weg zu gehen. [...] Er kann von mir etwas verlangen, das ich aus religiöser Tradition heraus ablehnen möchte. Aber der Gehorsam ihm gegenüber ist es gewesen, der mir die Gnade gebracht hat, und seit jenem Erlebnis wusste ich, was göttliche Gnade ist. Ich hatte erfahren, dass ich Gott ausgeliefert bin, und dass es auf nichts anderes ankommt, als Seinen Willen zu erfüllen. Sonst bin ich dem Unsinn preisgegeben.

Damals hat meine eigentliche Verantwortlichkeit begonnen. Der Gedanke, den ich denken musste, war mir schrecklich, und mit ihm erwachte die Ahnung, dass Gott etwas Furchtbares sein könnte. [...]

Das waren die entscheidenden Erlebnisse meines Lebens. Damals ist es mir aufgegangen: Ich bin verantwortlich, und es liegt an mir, wie sich mein Schicksal gestaltet. [...]

Niemand hat mir die Gewissheit nehmen können, dass ich gesetzt sei, das zu tun, was Gott will und nicht, was ich will. Das gab mir oft das Gefühl, in allen entscheidenden Dingen nicht mit den Menschen, sondern allein mit Gott zu sein. [...]

Die Gespräche mit jenem ‹Anderen› waren meine tiefsten Erlebnisse: einesteils blutiger Kampf, andererseits höchstes Entzücken. Über diese Dinge konnte ich natürlich mit niemandem reden» (Jaffé, Jung 1962, S. 42 ff.).

Textkritischer Approach

Die Textkritik untersucht einen Text auf seine Echtheit. Sie entstand in Europas Neuzeit als Hilfsmittel der Geschichtswissenschaft, um die altgeheiligte Tradition kritisch hinterfragen zu können. Oft konnte sie nachweisen, dass ein Text nicht das war, was er zu sein vorgab.

Zur Debatte steht hier der Wortlaut der Geschichte vom Basler Münster in Jungs *Erinnerungen, Träume, Gedanken (ETG)*. Dass Jung grundsätzlich ihr Autor sei, ist natürlich nicht zu bezweifeln. Andererseits rührten verschiedene Köche im Brei. Was uns als Jungs eigene ETG vorliegt, wurde von andern *redigiert*. Die Frage ist darum, wie weit die genaue Formulierung von Jung selber stamme und was redaktionelle Bearbeitung sei.

Beginnen wir von vorn: Im Alter von 82, mit bereits verminderter Arbeitskraft, erzählte Jung seiner Privatsekretärin Aniela Jaffé seine Erinnerungen, Träume und Gedanken. Diese stenografierte mit und tippte ihre Notizen in die Maschine. So entstanden die «Protokolle». So weit ist die Sache klar.

Weniger klar ist, wie es bis zur Herausgabe des Buches weiter ging. Das Problem ist, dass sich plötzlich Jungs Angehörige einmischten. Für diese enthielt die Veröffentlichung von Jungs Privatleben Dynamit. Als sie erfuhren, der Alte wolle nun doch noch eine Autobiografie publizieren, wurden sie hellhörig. Würde er Peinlichkeiten an die Öffentlichkeit bringen? Es ging ihnen um den Ruf der Familie. Sie standen noch mitten im Leben. Ihnen war die Persona, das «Leben Nr. 1», wichtig.

Um hier Klarheit zu schaffen, ermächtigte Jung Aniela Jaffé am 21. Oktober 1957 in einem schriftlich festgehaltenen Vertrag, das Buch «in derjenigen Form zu veröffentlichen, die sie selbst für die beste halte, vorausgesetzt, dass sie Jungs Erben den vereinbarten 50-prozentigen Anteil an den Tantiemen bezahle und dass das Buch nie in die *Gesammelten Werke* aufgenommen werde» (Bair, 2005, S. 890).

Man sollte meinen, dem Hin und Her sei damit ein Ende gesetzt worden. Doch Jungs Tochter Marianne und deren Gatte gaben sich nicht zufrieden damit. Sie wollten den Text mitgestalten, besonders jene Passagen, die die Intimsphäre berührten, und sie wollten die finanzielle Seite neu regeln. Ihre Persona war ihnen so wichtig, dass sie nicht davor zurückschreckten, den Vertrag Jungs zu annullieren. Hielten sie Jung für nicht mehr voll urteilsfähig? Tatsächlich war er nicht in der Lage, nachzudoppeln und ein Machtwort zu sprechen.

Wie verhielt sich Jaffé? Schwach! Sie pochte nicht auf ihren Vertrag mit Jung, sondern gab nach. Doch damit zog sie den Zorn des Verlegers Richard Hull auf sich, der ein authentisches Buch publizieren wollte. Zuletzt erschienen auch noch Rechtsanwälte. «Sie alle schufen eine verrückt komplizierte Situation, die ein Widerschein von Jungs eigener, von Anfang an zwiespältiger Attitüde dem Buch gegenüber war: Er wollte es schreiben und wollte auch nicht» (Bair, 2005, S. 894).

Deirdre Bair geht im Epilog ihres Buches ausführlich auf die Redaktionsgeschichte der sogenannten Autobiografie Jungs ein (Bair, 2005, S. 889 ff.):

> «An eine Biografie Jungs hatten einige seiner Anhänger und er selber seit den Dreißigerjahren gedacht. […] Bis in die frühen Fünfzigerjahre hinein wurde aber nichts Konkretes unternommen.» Ursprünglich hatte Jung, der immer klaren Wein einschenken wollte, «Cary Baynes gebeten, ein Buch über sein Leben zu schreiben. […] Denn Cary drückte sich gerne klar aus, war immer unbeschwert und gerade heraus, extrem freimütig. Doch als es darum ging, Jungs Biografie zu schreiben, […] empfand sie einen starken Widerwillen vor einer solchen Arbeit; denn sie wusste besser als sonst jemand, mit was für Intrigen ein Biograf würde kämpfen müssen, wie viele Personen Bedenken anmelden würden, angefangen bei Jungs Familienmitgliedern, die befürchteten, ihre Intimsphäre würde verletzt; außerdem würde ein Biograf die verschiedenen Mitarbeiter des großen Mannes gegen sich haben, die sich als die wahren Gralshüter seines Werkes betrachteten, die Einzigen, die befähig seien, die Geschichte seines Lebens zu präsentieren. Alle diese Menschen (und natürlich auch die Verleger) würden versuchen, sich einzumischen. […] Und alles traf später genau so ein, wie Cary Baynes es vorhergesehen hatte.»

Cary Baynes hatte gute Gründe, sich «nicht in das Projekt involvieren» zu lassen (Bair, 830f.). Heiß umstritten war insbesondere, was mit Religion zu tun hatte; davon berichtet vor allem das Kapitel *Schuljahre,* wo die Geschichte vom Basler Münster berichtet wird. Die damals noch kirchliche Familie wollte den ganzen Abschnitt streichen! Das ging Jaffé zu weit. Aber sie begann dennoch, Kompromisse zu schließen und werkelte nun am Wortlaut des Buches herum. So hatte ihr Jung vom *Scheißdreck* erzählt, der das Basler Münster zertrümmert habe. Nun verbesserte sie Jungs vulgäre Sprache: «Unter dem Thron fiel ein *ungeheures Exkrement* auf das neue bunte Kirchendach» (Bair, 2005, S. 903).

Doch solche Details genügten Jungs Tochter Marianne und deren Gatte nicht. Sie erklärten jetzt, der von Alter und Krankheit gezeichnete Jung «sei nur noch *vermindert zurechnungsfähig,* und sie stellten den Antrag, alle seine Verhandlungen führen zu dürfen.» [...] Dem Ehepaar Niehus «sollte ein Anwalt helfen, auch die Kontrolle über den Inhalt der Biografie und die Einkünfte zu erlangen, die das Buch bringe». Jaffé wandte sich an Jung um Hilfe. Doch dieser hatte nicht mehr die Kraft, seinen Angehörigen die Stirn zu bieten, im Gegenteil: «Er ließ das Jahr 1960 damit beginnen, dass er der Tochter und dem Schwiegersohn für alles dankte, was sie im vergangenen Jahr für ihn getan hätten. Mehrere Monate später überraschte er damit, dass er Walther Niehus zum Verwalter seines literarischen Nachlasses bestimmte und ihm für die Bemühungen um die so genannte (!) Autobiografie dankte» (Bair, 2005, S. 860f.).

Derselbe Schwiegersohn, der einst Toni Wolff samt Kleidern in den See geworfen hatte, sonst aber nichts gegen sie hatte ausrichten können, ging nun als klarer Sieger aus dem Zweikampf mit dem Patriarchen hervor. Die Beziehung zwischen Jung und seiner Tochter Marianne blieb bis zuletzt gespannt. Jung konnte erst in Ruhe loslassen und sterben, nachdem sich diese, selber fiebernd, von seiner Seite entfernt hatte (Bair, 2005, S. 885).

Zurück zum Verleger Richard Hull. Dieser kämpfte vehement für den Urtext und rügte Jaffé: «Dass Jung Sie ermächtigt hat, entscheiden zu dürfen, wie die endgültige Textfassung aussieht, berechtigt Sie mit Sicherheit nicht dazu, Jungs Art und Weise, sich auszudrücken (und was noch verheerender ist: seine Gedanken!), der Denkweise der Familie anzupassen, die nichts ist als ein Haufen Spießer, bourgeois bis auf die Knochen» (896)! Hulls Donnerwetter fruchtete vorerst aber nichts. Erst als er nachdoppelte und Jaffés Eingriffe in den Text als «Tantifizierung», «Verfälschung durch die Familie», «Zensur» und gar als *«suppressio veri»* (Unterdrückung der Wahrheit) brandmarkte, ging Jaffé in sich. Sie gestand nun, es sei beschämend, aus Angst vor übel gesonnen Leuten seine Freiheit aufzugeben. Nun wollte auch sie den Urtext wieder herstellen (Bair, 2005, S. 901).

Fazit: Die Textkritik kann mit Beruhigung feststellen, dass der Text der heute vorliegenden ETG im Allgemeinen echt sei, wobei Jaffé, nach all dem Hin und Her, den ursprünglichen Wortlaut von Jungs Diktat wohl kaum überall wieder herzustellen vermochte. So ist z. B. die Schilderung der Zerstörung des Baslers Münsters geschönt. Aber ihr Inhalt - und darauf kommt es hier ja an - ist authentisch.

Formkritischer Approach

«Vor meinen Augen stand das schöne Münster, darüber der blaue Himmel, Gott sitzt auf goldenem Thron, hoch über der Welt, und unter dem Thron fällt ein ungeheures Exkrement auf das neue bunte Kirchendach, zerschmettert es und bricht die Kirchenwände auseinander.»

Worum handelt es sich bei diesem Text? Die Antwort auf diese Frage hängt vom Weltbild ab, in dem jemand lebt. Wer auf Stufe 1 steht, betrachtet den Text anders, als wer auf Stufe 2 oder 3 steht. Je nach seinem Weltbild sieht er darin
- eine Eingebung von drüben (Stufe 1),
- eine pubertäre Idee (Stufe 2)
- oder eine echte Vision (Stufe 3).

Stufe 1: Eine Eingebung von drüben

Das Bild vom zerstörten Basler Münster ist in archaisch-mythischer Sicht eine Eingebung von drüben, vielleicht sogar eine Privatoffenbarung. Die heftige emotionale Erschütterung und nachhaltige Wirkung, die der Einfall dieses Bildes hervorruft, zeigen das große Gewicht der Botschaft von drüben. Diese stammt für den Zwölfjährigen von Gott; nach seinem Dafürhalten wird er von Gott heimgesucht.

Doch hält dieses subjektive Gefühl auch objektiver Kritik stand? Diese Frage zu prüfen, war einst die Aufgabe der Theologie, der Königin der Wissenschaft auf Stufe 1. Ihr oblag das Geschäft der *Unterscheidung der Geister*. Sie hätte kritisch gefragt: «Was für ein jenseitiges Wesen, ein guter oder ein böser Geist, ließ Karl das Gesicht schauen?» Diese Frage wäre von höchster Brisanz gewesen.

In einem Streitgespräch könnte die konservative Seite mit dem Einwand beginnen: «Halt, die Sache riecht nach Schwefel! Denn es handelt sich eindeutig um eine Desavouierung der heiligen Kirche, was seit jeher ein untrügliches Zeichen dafür ist, dass der Teufel seine Finger im Spiel hat. Dieser setzte sich auf einen goldenen Thron, der wie der Thron des Allmächtigen aussah, um Karl die Freude am schönen Münster zu vergällen. Warum? Weil er verärgert war! Die Basler hatten ihr Münster prächtig renoviert. Nun würden wieder mehr Leute zur Kirche gehen! Vollends auf die Palme trieb ihn dann die Nachricht, Karl liebäugle mit dem Pfarrerberuf. Das musste um jeden Preis verhindert werden. So griff der Teufel ins irdische Geschehen ein und betörte den frommen Pfarrerssohn mit dem Gesicht, die Kirche werde im Scheißdreck enden. Karls Gesicht war eine Eingebung des Teufels.»

Dann ergreift die Gegenseite das Wort. Sie fragt: «Ging die Prophezeiung in Erfüllung oder nicht?» Man sucht das *Urteil ex eventu.* Unter diesem Gesichtspunkt kommt man zu einem anderen Schluss als die erste Gruppe:

«Karls Gesicht ist eine *Offenbarung Gottes,* die sich heute vor aller Augen erfüllt. Das Ausbluten der Kirche im 21. Jahrhundert zeigt eindeutig, dass Gott es war, der den Zwölfjährigen heimsuchte. Jedermann kann heute sehen, wie sich die Verheißung von 1887 erfüllt. Gott offenbarte der Welt in Karls Gesicht seinen Zorn über die Kirche. Er war wütend, weil diese sich prächtig herausputzte, die Hauptsache aber sträflich vernachlässigte: das innere, geistliche Leben, die lebendige Beziehung zum Herrn von Himmel und Erde. Für ihre Gefallsucht – eine Todsünde! – muss sie nun bitter büßen.»

In diesem zweiten Urteil wird Karls Gesicht zu einem Glied in einer langen Kette von Unheilprophetien. Gott der Herr berief Karl mit diesem Gesicht zum Unheilspropheten.

Welche Seite im Recht ist, lässt sich auf Stufe 1 nicht schlüssig ermitteln. Die *rabies theologica* (die Streitlust der Theologen) hat hier eine Arena, in der sie endlos fechten kann.

Aus heutiger Sicht hat keine der beiden Seiten recht, weil die archaisch-mythische Auffassung von Träumen und Visionen von der Tiefenpsychologie (Stufe 3) überwunden wurde. Denn Karls Gesicht entstammt nicht dem Jenseits, sondern dem menschlichen Unbewussten. Die Frage lautet nicht mehr, aus welcher Ecke des Jenseits, sondern aus welcher Ecke der Psyche das Bild vom zusammen geschissenen Basler Münster komme.

Stufe 2: Eine pubertäre Idee

Den Positivisten interessiert in erster Linie die *objektive* Wirklichkeit. Innere Wahrnehmungen sind für ihn bloß *subjektiv* und daher bedeutungslos. Somit ist Karls Einfall die subjektive Idee eines Pubertierenden, der dem Unmut über die Kirche Luft verschafft: «Die Kirche ist Scheiße!» Ein rein subjektives Urteil.

Doch für Karl war die innere Erfahrung des Bildes vom Münster von zentraler Bedeutung, keineswegs «bloß subjektiv»! Sie war derart eindrücklich und nachhaltig wirksam, dass für ihn Gott dahinter stand. Er hätte sich die Eingebung niemals selber einbilden können.

In der Tat übersieht die positivistische Auffassung, dass der Einfall *wider Willen* kam. Bewusst fand Karl den Anblick des renovierten Münsters ja erhebend: «Die Welt ist schön, und die Kirche ist schön; Gott hat das alles geschaffen und sitzt darüber, weit oben im blauen Himmel, auf einem goldenen Thron.» Das furchtbare Bild, das nachdrängte, wehrte der brave Pfarrerssohn ganze drei Tage und Nächte lang ab. Erst in der dritten Nacht gab er den Widerstand auf.

In ihm kämpften zwei Parteien gegeneinander: einerseits die bewusste (die angepasste Persona), die positiv über die Kirche dachte, und andererseits die unbewusste Seite (der Schatten, dahinter das Selbst), die die Kirche zusammenscheißen wollte.

Karl befand sich in einem *neurotischen Dilemma.* Dieses ist ohne die Annahme eines unbewussten Bereichs der Psyche nicht erklärbar. Davon will der Positivismus nichts wissen. Seine Psychologie ist eine «Psychologie ohne Seele» (dies der Titel eines Buches von F. A. Lange, 1866). Das Unbewusste ist für sie eine «durchaus unnötige Hypothese». Auswirkungen davon sind im akademischen Psychologiestudium bis heute spürbar. Dazu sagt A. Köberle:

«Wenn sich heutzutage ein Abiturient zum Studium der Psychologie an einer unserer Hochschulen entschließt, in der Hoffnung und Erwartung, dadurch tiefer in die Geheimnisse des Seelenlebens eingeführt zu werden, muss er sich auf allerhand Enttäuschungen gefasst machen. Nur schon das mag einen solchen Anwärter überraschen, dass er in einer Studienanleitung für das Fach der Psychologie zu lesen bekommt, eine der wichtigsten Voraussetzungen seien vorzügliche Kenntnisse in Mathematik und Physik. Ja, es kann geschehen, dass dem Bewerber ein Studienplatz versagt bleibt, weil er gerade in diesen beiden Fächern mit einer weniger guten Note im Abitur abgeschnitten hat. Die seit dem 20. Jahrhundert zur Herrschaft gelangte Psychologie bezeichnet sich selbst mit Überzeugung als experimentelle Psychologie. Im Vordergrund stehen Laborübungen, Arbeiten an technischen Messgeräten, Datenerhebung und Datenverarbeitung, Statistik, Einführung in die Intelligenzdiagnostik und Anleitung zum Gebrauch von Testmethoden. [...]

Das naturwissenschaftliche Denken, das in der Neuzeit zur Vorherrschaft gelangt war, hatte sich auch der Psychologie bemächtigt und diese seelenblind gemacht für die Wunder eines schöpferischen Lebens in den Tiefen der eigenen Seele. Maßgebend blieb eine Äußerung des Leipziger Professors Wilhelm Wundt, der in Fachkreisen als Schulhaupt der experimentellen Psychologie allseits gefeiert wurde: «Annahmen über irgendwelche unbewusste Vorgänge sind für die Psychologie durchaus unfruchtbar.» Nicht zu Unrecht hat man darum von einer ‹*Psychologie ohne Seele*› gesprochen» (Köberle, 1984, S. 21).

Studenten der akademischen Psychologie lernen in ihrer Ausbildung bis heute nicht, wie man seine eigenen inneren Erfahrungen verstehen und wie man damit umgehen kann. In den Augen des Positivismus ist die Beschäftigung mit dem subjektiven Innenraum wissenschaftlich wertlos. Wer wissenschaftlich arbeitet, klammert das Subjektive aus. Die Literatur der akademischen Psychologie ist darum seelenlos. Sie hat ihr Pendant in der akademischen Theologie. Beide leben nicht vom Kontakt mit der lebendigen Psyche, sondern bewegen sich in den schwindelerregenden Höhen akademischer Ich-Konstrukte.

Weil die Tiefenpsychologie von der inneren Wahrnehmung ausgeht, ist sie für den Positivismus keine Wissenschaft, die diesen Namen verdient, und hat darum kein Anrecht auf einen Platz an der Universität. Der Positivismus sieht in Karls Einfall ein Ich-Fabrikat, die Idee eines Pubertierenden. Sie erkennt das neurotische Dilemma zwischen Karls Ich und seiner unbewussten Psyche nicht, weil es diese gar nicht gibt. Wilhelm Wundt, der Begründer der Psychologie als eigenständiger Wissenschaft, vertrat den Standpunkt, dass Annahmen über irgendwelche unbewusste Vorgänge für die Psychologie durchaus unfruchtbar seien.

Stufe 3: Eine echte Vision

Der folgende Text dürfte klar machen, dass es sich bei Karls Gesicht um eine Vision handelt (Kaufmann 2005, Art. «Vision»):

«Visionen werden von der Tiefenpsychologie seit hundert Jahren wissenschaftlich erforscht, life und literarisch, durch Untersuchungen an heute lebenden wie an historischen Visionären. Dabei stellte sich heraus, dass Visionen innere Wahrnehmungen sind und Einblick in einen *inneren* Himmel gewähren. Sie sind häufiger, als unser seelenloses Zeitalter meint. Sie sind weder pathologische noch übernatürliche Phänomene. Sie werden vom Ich wahrgenommen wie Träume und sind wie diese Bestandteile des Informationsflusses vom Selbst zum Ich. Visionen sind aber eindrücklicher als Träume; sie wühlen die Visionäre auf und beeinflussen deren Leben nachhaltig. Wegen der Unbewusstheit des Vorgangs spielen sie sich vermeintlich außen ab. Selbst wenn Visionäre tiefenpsychologisch geschult sind, durchschauen sie während der Vision nicht, dass diese ihrer Psyche entstammt. Das zeigt erst die Analyse der Vision im Wachzustand.

Träumer schlafen, Visionär hingegen sind wach. Die Vision überblendet äußere Sinneseindrücke. Die Alten sagten darum: ‹Das Sehen mit den Augen des Geistes überstrahlt das Sehen mit den Augen des Leibes.› Das Ich sinkt während einer Vision in ein *Abaissement du niveau mental;* das volle Ich-Bewusstsein kommt erst nach dem Abklingen der Vision zurück. Visionen brechen übermächtig ins Bewusstsein ein. Der Visionär erhält dadurch den Eindruck, Gott rede mit ihm. Er macht eine zutiefst erschütternde, unvergessliche Erfahrung, schrecklich und beglückend, *fascinosum et tremendum:* eine ‹Gottes›-Erfahrung.

Visionen sind unheimlich; das Ich fühlt sich ohnmächtig dabei. Visionäre haben bisweilen Angst, verrückt zu werden. Viele verschweigen ihre Vision, weil sie befürchten, ihretwegen in eine psychiatrische Klinik gesteckt zu werden. Einst hochgeschätzt, sind Visionen heute psychiatrieverdächtig. Visionen Gesunder haben eine heil und ganz machende Wirkung: Sie verbinden das Ich mit dem natürlichen Selbst, regen den psychischen Reifungsprozess an und fördern bisweilen sogar die kollektive Bewusstseinsevolution.

Nach heutiger Erkenntnis beruht das naive Verständnis der Vision auf einer doppelten Täuschung: Zum einen existiert das äußere Jenseits nicht, und zum anderen sieht nur der Visionär selber die Vision. Wer einen Visionär während einer Vision unvoreingenommen beobachtet, kann nicht sehen, was dieser schaut. Zudem zeigt die Analyse der Vision, dass diese stets mit dem Visionär zu tun hat. Der spontane Eindruck trügt. Diese tiefenpsychologisch fundierte Erkenntnis hat für die Theologie verheerende Folgen: Was einst als Offenbarung galt, ist nun eine Information des Unbewussten. Visionen sind dennoch bedeutsam. Ihre sachgemäße Deutung ist heute aber nicht mehr Sache der Theologie, sondern der Tiefenpsychologie.

Bei Halluzinationen hingegen (lat. *alucinari:* außer sich sein, dummes Zeug reden), etwa von Schizophrenen, wird das Ich von destruktiven Inhalten des Unbewussten überschwemmt; dadurch entsteht im Ich ein Zustand geistiger Verwirrung. Das Ich hält der Krankheit nicht stand. Der Übergang zwischen heilmachenden Visionen und chaotischen Halluzinationen ist fließend. Visionen sind aufbauend, Halluzinationen pathogen. Visionen sind bisweilen von kollektiver Bedeutung. Archaische Führerpersönlichkeiten waren oft Visionäre.»

Die Vision drängte sich gegen Karls Willen aus dem Unbewussten ins Bewusstsein vor. Dieses wehrte sie zwei Tage lang ab; die Grenzkontrolle wollte nur durchlassen, was sich gehörte; Ungehöriges musste draußen bleiben. Karls Ich war dem Über-Ich verpflichtet und verdrängte deshalb die Botschaft des Unbewussten. Was einfallen wollte, war «pfui».

Ich und Selbst lagen miteinander im Clinch. Das Ich kämpfte tapfer, wie seinerzeit der Spartaner Leonidas an den Thermopylen (480 v. Chr.); aber es stand auf verlorenem Posten. Nach zwei Tagen wurde die Übermacht des Feindes erdrückend, und das Immunsystem machte schlapp. Karl begann zu fiebern. Der sensitiven Mutter schwante nichts Gutes (der intellektuelle Vater merkte nichts). In der dritten Nacht kapitulierte Karl und ließ den Feind passieren. Die Schlacht war verloren. Nun würde der Feind das Land überschwemmen, und es würde sich eine Katastrophe ereignen. Doch nichts dergleichen geschah. Karl hatte Höllenpein erwartet; aber er erlebte das Gegenteil:

> «Ich spürte eine ungeheure Erleichterung und eine unbeschreibliche Erlösung. Anstelle der erwarteten Verdammnis war Gnade über mich gekommen und damit eine unaussprechliche Seligkeit, wie ich sie nie gekannt hatte. Ich weinte vor Glück und Dankbarkeit. [...] Das gab mir das Gefühl, eine Erleuchtung erlebt zu haben. Vieles wurde mir klar, was ich zuvor nicht verstehen konnte. Ich hatte erfahren, was mein Vater nicht begriffen hatte: den Willen Gottes.»

Das numinose Erlebnis bewirkte, dass sich Karl langsam zu wandeln begann; nun begann seine Pubertät. Das alte Über-Ich verblasste und wurde von einer neuen Führungsinstanz abgelöst, vom unbewussten Selbst. Die Vision leitete eine psychische Spontanheilung ein.

Karl verstand seine Vision archaisch-mythisch. Für ihn stammte sie vom Himmel (Phase 1b), nicht aus der Tiefe der menschlichen Psyche (Phase 3).

Karl wusste nun, dass der Gott seines Vaters nicht dieselbe lebendige Kraft war, die er erfahren hatte, sondern bloß eine gläubig gelernte Theorie. Bildlich gesagt: Der Vater orientierte sich an der in Jahrhunderten abgekühlten, von Kirchenvätern und Theologen behauenen Lava; der Sohn hingegen erlebte den Ausbruch des Vulkans life und bearbeitete die Lava selber. Das war der Unterschied zwischen Vater und Sohn. Darum fühlte sich Karl stark und besaß Selbst-Vertrauen, anders als sein Vater.

Die Vision entstammte dem archaischen Seelengrund; darum war ihre Sprache deftig. Wie einst die Welt in der Sintflut im Seich ersoff, so sollte nun die Kirche in der Scheiße enden. Die Botschaft war roh und ungehobelt, aber unmissverständlich. Sie erreichte ihr Ziel, Karl die Freude am Münster und seiner Zukunft in der Kirche zu verderben, und sie bewirkte, dass sich Karl zu einem selbstständigen Jungen mauserte, der sich der Naturwissenschaft zuwandte, auch wenn das seinem Vater fast das Herz abdrückte.

Für die Deutung der Vision ist zweifellos jene Wissenschaft zuständig, die sich professionell mit dem Unbewussten befasst: die Tiefenpsychologie. Trotzdem zögern die Geisteswissenschaften bis heute, Erzeugnisse des Unbewussten tiefenpsychologisch zu betrachten. Sie wenden ein, Freud und Jung seien *Naturwissenschaftler* gewesen und als solche nicht befugt, kulturelle Erzeugnisse wie Literatur und Kunst, Mythen und Märchen, Träume und Visionen zu interpretieren. Sie werfen der Tiefenpsychologie vor, die den Fakultäten gesetzten Grenzen zu überschreiten und den akademischen Frieden zu stören. So fiel die Tiefenpsychologie zwischen Stuhl und Bank und wurde weder als Natur- noch als Geisteswissenschaft anerkannt. Nach Obrist bildet sie aber das Bindeglied zwischen beiden, «die Basaldisziplin einer integralen Humanwissenschaft» (Mertens 2004, S. 55 ff.).

Die Tiefenpsychologie war von Anfang an inter- und transdisziplinär ausgerichtet (*transdisziplinär* heißt der Brückenschlag von den Natur- zu den Kulturwissenschaften, *interdisziplinär* die Zusammenarbeit von Fakultäten innerhalb der Natur- bzw. Kulturwissenschaften). Schon Freud hatte die geniale Idee, eine sämtliche Disziplinen integrierende Hochschule zu gründen, «in der nicht nur die klinische Psychoanalyse, sondern auch Disziplinen wie Neurobiologie, Kulturgeschichte, Religionspsychologie, Mythologie und Literaturwissenschaft gelehrt würden» (Mertens, 2004, S. 123).

Der inter- und transdisziplinäre Dialog wird heute zwar zunehmend gefordert; diese Forderung ist angesichts des Pensums der Hochschullehrer aber illusorisch. Woher sollen sich die Professoren, die von ihrem Spezialgebiet bereits über die Massen gefordert sind, Zeit nehmen für den inter- und transdisziplinären Dialog? Erst eine fundamentale Strukturreform des gesamten Wissenschaftsbetriebs könnte den inter- und transdisziplinären Dialog etablieren. Dann könnten ein neues Denken, ein neues Menschenbild und ein neues Zeitalter entstehen, in dem Mensch und Natur kooperieren und Religiosität natürlich ist.

Tiefenpsychologischer Approach

Karls Vision soll nun aus der Sicht der Tiefenpsychologie betrachtet werden, zunächst mit den Augen von Freud, dann mit denen von Jung.

Dabei wird sich zeigen, dass Freud die Eierschalen seiner Herkunft aus dem Positivismus nie ganz los wurde. Er behielt zeitlebens eine Schlagseite zu Phase 2 (Jungs Defizit wird später, bei der Besprechung seines Gottesbildes und bei der Deutung des Yogi-Traums, zur Sprache kommen).

Dass die beiden Großen nicht immer klar sahen, ist tröstlich; wir alle stoßen beim Nachvollzug der Bewusstseinsevolution in der Kommode unseres Weltbildes immer wieder auf Schubladen, wo noch verstaubte Reste vergangener Zeitalter herumliegen. Dass auch die Helden der goldenen Ursprungszeit nicht vollkommen waren, tut wohl.

S. Freud (1856-1939)

Wie gesagt: Freud war Positivist und Atheist. Für religiöse Gefühle hatte er kein Sensorium. Mit der Entdeckung des Unbewussten hatte er zwar Stufe 3 der Bewusstseinsevolution erklommen; dennoch dachte er teilweise noch positivistisch. Der Gott der Alten war für ihn nicht eine dem Ich überlegene uralte innere Führungsinstanz, sondern eine Projektion des persönlichen Vaterbildes an den Himmel, die es zu überwinden gelte:

> «Ein großes Stück der mythologischen Weltauffassung, die bis in die modernen Religionen hineinreicht, ist nichts anderes als in die Außenwelt projizierte Psychologie» (Jung, GW 4, S. 287).

Die Vorstellung von Gott hat nach Freud ihren Grund in der kindlichen Hilflosigkeit; sie ist ein kollektives Überbleibsel aus der Kinderzeit der Menschheit. Wie Marx, versteht auch er die Religion als «Opium für das Volk». Dieses «bittersüße Gift» muss verschwinden!

Die folgenden drei Zitate führen das näher aus:

1. «Versucht man, die Religion in den Entwicklungsgang der Menschheit einzureihen, so erscheint sie nicht als ein Dauererwerb, sondern vielmehr als ein Gegenstück zur Neurose, die der einzelne Kulturmensch auf seinem Weg von der Kindheit zur Reife durchzumachen und zu überwinden hat» (Freud, GW 15, S. 181).

2. «Der Infantilismus muss überwunden werden. Man kann nicht ewig Kind bleiben; man muss endlich hinaus ins Leben. Man darf das ‹Erziehung zur Realität› nennen. Brauche ich Ihnen noch zu verraten, dass es die einzige Absicht meiner Schrift ist, auf die Notwendigkeit dieses Fortschritts aufmerksam zu machen» (Freud, GW 14, S. 327 ff.)?

3. «Zwei große Kränkungen ihrer naiven Eigenliebe hat die Menschheit in den letzten Jahrhunderten von der Wissenschaft erdulden müssen:

Die erste, als sie erfuhr, dass unsere Erde nicht der Mittelpunkt des Weltalls ist, sondern ein winziges Teilchen eines in seiner Größe kaum vorstellbaren Weltsystems. Sie knüpft sich für uns an den Namen des Kopernikus, obwohl schon die alte alexandrinische Wissenschaft Ähnliches verkündet hatte.

Die zweite dann, als die biologische Forschung das angebliche Schöpfungsvorrecht des Menschen zunichte machte und ihn auf die Abstammung aus dem Tierreich und die Unvertilgbarkeit seiner animalischen Natur verwies. Diese Umwertung hat sich in unseren Tagen unter dem Einfluss von Charles Darwin und seinen Vorgängern, nicht ohne das heftigste Sträuben der Zeitgenossen, vollzogen.

Die dritte und empfindlichste Kränkung aber erfährt die menschliche Größensucht durch die tiefenpsychologische Forschung, welche dem Ich nachweist, dass es nicht Herr im eigenen Haus ist» (Freud, GW 11, S. 294 f.).

Karls Vision zeigt nach Freud das an den Himmel projizierte Vaterbild. Gott ist für Freud ein Teil des Über-Ichs. Mit Zwölf sollte der Junge seine archaisch-mythischen Vorstellungen langsam ablegen und durch reifere, dem Alter angemessene ersetzen. Wenn der Vater entthront ist, verschwindet auch der Übervater im Himmel.

Der auf dem Stuhl thronende, kackende Gott erinnert nach Freud an die frühkindlich-anale Phase, als klein Karl noch brav aufs Töpfchen machte. Diese Zeit ist nun vorbei! In der Pubertät wird das fäkale Produkt zum Symbol des Ungehorsams. «Scheiße!» ist bekanntlich ein geläufiger Ausdruck Jugendlicher, der ihre Auflehnung gegen die Gebote der Alten demonstriert: «Ich gehorche euch nicht mehr! Ihr könnt mich alle am A…!»

Die Vision zeigt nach Freud die in der Pubertät fällige Ablösung Karls vom Elternhaus und der Kirche. Das Pendel schwingt nun von einem Extrem ins andere. Orientierte sich Karl bisher am Über-Ich, so will er nun mit dem Es, der unteren Führungsinstanz, kooperieren. Aus dem Engel droht ein Bengel zu werden, der auf alles scheißt, was einst heilig war!

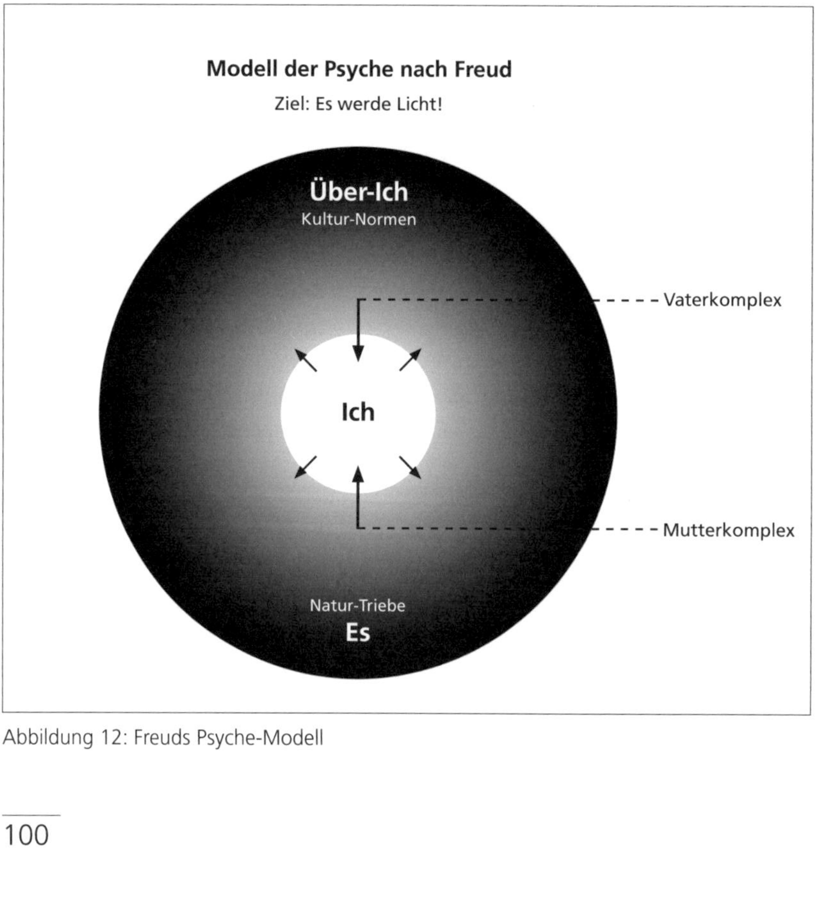

Abbildung 12: Freuds Psyche-Modell

Dass es nicht so weit kommt, ist nach Freud einer dritten psychischen Instanz zuzuschreiben, die auf dem Modell (Abbildung 12) nicht zu sehen ist, dem *Realitätsprinzip.*

Dieses bewirkt, dass sich der Mensch seiner Umgebung anpasst. Diese ließ *anno Domini* 1887 noch keine pubertären Eskapaden zu. Dem unflätigen Verhalten Jugendlicher waren damals noch enge Grenzen gesetzt. Als Rowdy wäre Karl von der Schule geflogen und, als Schandfleck der Sippe, in einer Arbeitserziehungsanstalt gelandet. Seine Zukunft wäre im Eimer gewesen. 2009 rief ein Junge in Zürich im Internet zu einem öffentlichen Besäufnis (Botellon) auf, ohne dass ihm ein Haar gekrümmt wurde. 1887 war das undenkbar. Dank dem Realitätsprinzip konnte sich Karl, trotz des Gärungsprozesses in seinem Innern, an die äußere Wirklichkeit anpassen.

Karls Ich musste sich mit drei Mächten arrangieren:

1. mit dem Es;
2. mit dem Über-Ich;
3. mit der Außenwelt.

Wer es in der Pubertät und Adoleszenz schafft, die Ansprüche von Es und Über-Ich in sich auszubalancieren und sich draußen in der Welt zurechtzufinden, wird nach Freud selbstständig und erwachsen, arbeits- und genussfähig. Meisterhaft schildert Freud die schwierige Lage des Ich:

«Ein Sprichwort warnt davor, gleichzeitig zwei Herren zu dienen. Das Ich hat es noch schwerer, es dient drei gestrengen Herren, ist bemüht, deren Ansprüche und Forderungen in Einklang miteinander zu bringen. Diese Ansprüche gehen immer auseinander und scheinen oft unvereinbar zu sein; kein Wunder, wenn das Ich so oft an seiner Aufgabe scheitert. Die drei Zwingherren sind die Außenwelt, das Über-Ich und das Es. […] Das Ich fühlt sich […]. von dreierlei Gefahren bedroht: Vom Es getrieben, vom Über-Ich eingeengt und von der Außenwelt zurückgestoßen, ringt es um die Bewältigung seiner ökonomischen Aufgabe, die Harmonie unter den Kräften und Einflüssen herzustellen, die in ihm und auf es wirken, und wir verstehen, warum wir so oft den Ausdruck nicht unterdrücken können: ‹Das Leben ist nicht leicht!› Wenn das Ich seine Schwäche eingestehen muss, bricht es in Angst aus: Realangst vor der Außenwelt, Gewissensangst vor dem Über-Ich, neurotische Angst vor der Stärke der Leidenschaft im Es» (Freud, GW 15, S. 84 f.).

Der Einbruch von *Es-Libido* vermindert bei Karl den Einfluss des Über-Ich. Die Es-Libido fördert das Interesse an der Natur. Darum wird Karl nicht Theologie studieren (die Wissenschaft von Gott), sondern Medizin (eine Natur-Wissenschaft). Nach Freud entstammt Karls Vision dem Es.

Mit dieser Modellvorstellung lässt sich die Vision in der menschlichen Psyche erden und als Naturvorgang erklären. Die archaisch-mythische Ansicht, wonach Visionen einen *übernatürlichen* Ursprung haben (Stufe 1), ist überwunden. Gleichzeitig widerlegt Freud auch die positivistische Erklärung des Bildes von der Zerstörung des Münsters als eines Produkts des Ich (Stufe 2). Freuds Beurteilung der Vision ist neu: ein Meilenstein in der Entwicklung der Wissenschaft (Stufe 3).

Auch therapeutisch lässt sich mit Freuds drei Instanzen effizient arbeiten. Freuds Auslegung hat aber auch eine Schwachstelle: Der religiöse Aspekt der Vision verschwindet. Die Erfahrung der Vision war für Karl zweifellos numinos. Sie erlöste ihn, und er weinte vor Glückseligkeit. Zudem wies sie ihm den Weg in die eigene, im Selbst verwurzelte Zukunft. Hinter ihr stand mehr als ein geistloser Naturtrieb; dahinter stand eine *geistbegabte Führungsinstanz.* Das ist etwas *qualitativ* Anderes als das Trieb-Es. Von einer geistbegabten Führungsinstanz im Unbewussten wollte Freud nichts wissen. Das sind seine oben erwähnten positivistischen Eierschalen, die er nie ganz los wurde. In diesem Punkt kam C. G. Jung einen Schritt weiter.

C. G. Jung (1875–1962)

Zurzeit von Jungs Studium war die Medizin positivistisch eingestellt und die Psychologie eine «Psychologie ohne Seele». Karls Vision passte nicht in die akademische Welt von damals. Doch sie war unvergesslich! Was Jung umtrieb, war die Frage, wie man *wissenschaftlich* verstehen könne, was er erlebt hatte.

Bei der Beantwortung der Frage half ihm ein Buch: 1900, als er das medizinische Staatsexamen in Basel ablegte, erschien Freuds *Traumdeutung*. In diesem Werk wurde der empirisch fundierte Nachweis der Existenz eines unbewussten Bereichs in der Psyche erbracht. Jung erkannte die epochale Bedeutung dieses Buches (von dem in den ersten zehn Jahren lediglich 400 Exemplare verkauft wurden).

Jung lieferte 1903 mit seinem *Assoziationsexperiment* (das die Zürcher Polizei zum «Lügendetektor» erweiterte und das bald weltweit in Gerichten Verwendung fand) einen weiteren Beweis für die Existenz unbewusster psychischer Komplexe. Jung beschäftigte sich intensiv mit Freud: «Seit 1903 widmete er nicht nur Freuds eigenen Abhandlungen immer mehr Aufmerksamkeit, sondern auch den Schriften anderer über Freud» (Bair, 2005, S. 145).

Im Frühjahr 1906 begann ein intensiver Briefwechsel zwischen Jung und Freud. Jung war nun kein Nobody mehr. Seine Vorlesungen an der Universität Zürich waren «so populär, dass sie in den größten Hörsaal verlegt werden mussten» (Bair, 2005, S. 142). Der Briefwechsel «dauerte bis 1914 an. Trotz der Kürze dieser Zeit warf er einen Schatten auf den Rest der Lebensjahre beider» (Bair, 2005, S. 147). Freud, Mediziner wie Jung (genauer: Neurologe), war fast zwanzig Jahre älter als Jung. Am 23. Oktober 1906 vertraute Jung Freud brieflich den Fall von Sabine Spielrein an, den er mit Freuds Methode behandelte. Jungs ausdrückliche Bitte um Hilfe gilt in der Geschichte der Psychoanalyse «als die erste bekannt gewordene Bitte um Supervision durch einen anderen Psychoanalytiker» (Bair, 2005, S. 158).

Ein Jahr nach Beginn des intensiven Briefwechsels, am 3. März 1907, besuchte Jung den Wiener Brieffreund zum ersten Mal, bei Freuds daheim an der Berggasse 19. Jung war 32, Freud gut 50. Die Begegnung begann um ein Uhr mit einem Mittagessen. «Jung blieb so lange, dass er auch noch mit ihm das Abendessen einnahm, und als er schließlich ging, war es zwei Uhr in der Nacht. Da lag ein dreizehnstündiges ununterbrochenes Marathongespräch hinter ihnen» (Bair, 2005, S. 169).

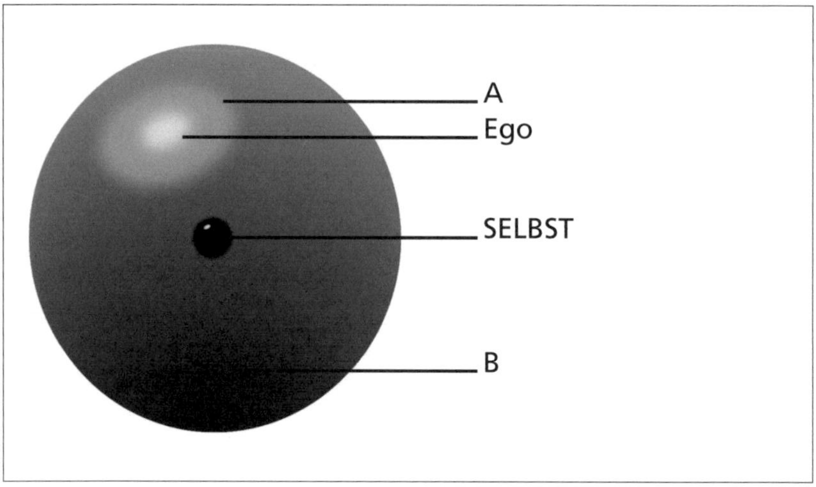

Abbildung 13: Jungs Psyche-Modell nach Marie-Louise von Franz (1987, S. 161)

Die Psyche ist mit einer Kugel zu vergleichen, die auf ihrer Oberfläche ein helles Feld (A) hat, welches das Bewusstsein darstellt. Das Ego/Ich ist das Zentrum des Feldes (bewusst ist etwas nur dann, wenn «ich» es weiß). Das Selbst ist der Kern und gleichzeitig die ganze Kugel (B): seine Regulationsvorgänge spiegeln sich z. B. auch in den Träumen.

Die Begegnung war sehr intensiv. «Eine Welt ereignete sich damals», erzählte Jung später (Bair, 2005, S. 171). Obwohl Jung gewisse Vorbehalte gegen Freuds Primat des Sexualtriebes äußerte, entspann sich zwischen beiden eine enge Freundschaft. Binswanger, der Jung und dessen Frau nach Wien begleitete, schrieb später: «Sofort sah Freud in Jung seinen wissenschaftlichen Stammhalter» (Bair, 2005, S. 168).

Jung fand aber, Freud setze die Sexualität an die Stelle des «Mystischen» (sprich: der Religion). «Voller Leidenschaft» soll Freud Jung angefleht haben, «ihm zu versprechen, nie die Sexualtheorie aufzugeben» (Bair, 2005, S. 171). Die intensive Freundschaft dauerte sechs Jahre. Nach dem Bruch kamen für Jung die entscheidenden Jahre seines wissenschaftlichen Lebens. Er experimentierte nun mit der Aktiven Imagination, womit er seine eigene Psyche auszuloten suchte. Dies führte ihn zur Entdeckung der *Zentriertheit der Gesamtpsyche im Unbewussten.* Was

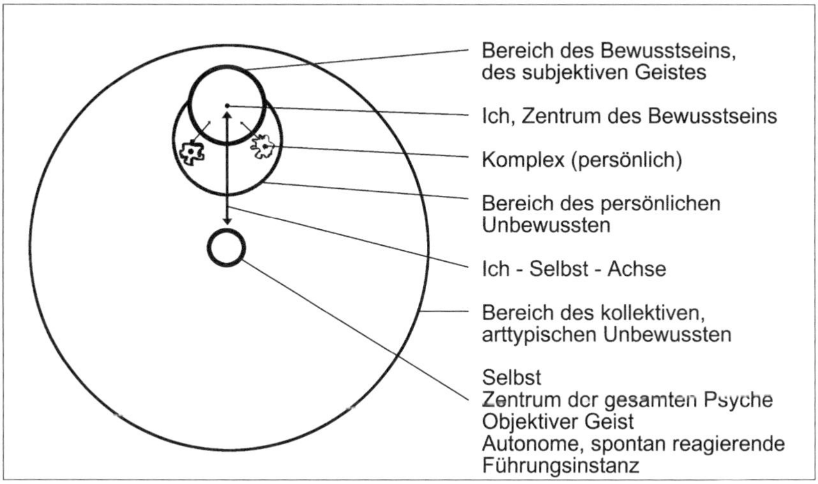

Abbildung 14: Jungs Psyche-Modell nach W. Obrist (1980)

er an sich selber erfahren hatte, bestätigte sich auch in der Arbeit mit Patienten. Die unbewusste psychische Zentralinstanz nannte er das *Selbst*.

Jung war stets mit Arbeit überhäuft und kein systematischer Denker. So kam er nie auf die Idee, sein Psyche-Modell in Ruhe systematisch zu Ende zu denken und dann grafisch darzustellen, damit das kategorial Neue augenfällig werde. Dieses Versäumnis holten nach seinem Tod, unabhängig voneinander, zwei seiner Schüler nach: Marie-Louise von Franz (Abb. 13) und Willy Obrist (Abb. 14). Die beiden Modelle sind fast identisch und geben damit eine gewisse Gewähr für eine zuverlässige Wiedergabe von Jungs Vorstellung von der Struktur der Psyche.

Jungs Psyche-Modell erlaubt eine Deutung von Karls Vision, die über Freud hinaus führt. Die Vision ist jetzt nicht mehr Ausdruck eines letztlich mechanisch funktionierenden geistlosen Triebes, sondern ein Produkt des autonomen Selbst.

Nach Gino Gschwend ist das Selbst ein über das Gehirn verteiltes Neuronengeflecht, das Information verarbeitet und Wirkimpulse abgibt. Das Selbst waltet analog zu den Göttern der Alten, aber nicht über die Welt, sondern über den Menschen.

Evolutionsgeschichtlich gesehen entwickelte es sich während der Phylogenese von Homo sapiens aus einfachsten Anfängen zentraler Datenverarbeitung. Es operiert als Regelkreis mit phylogenetisch erworbenen Verhaltensmustern; es verbindet uns mit dem Tierreich.

Zu Jungs Lebzeiten gab es die *systemische* Betrachtungsweise des Lebens noch nicht. Diese bürgerte sich in den Naturwissenschaften erst ein halbes Jahrhundert nach Jungs Entdeckung des Selbst ein. Jungs Psyche-Modell ist ein Vorbote des systemischen Modells, das die Biologie erst nach seinem Tod zu revolutionieren begann. Neu an Jungs Psyche-Modell sind zwei Dinge: Zum einen ist die menschliche Psyche nicht im Bewusstsein, sondern im Unbewussten zentriert, und zum andern ist das Unbewusste geistbegabt. Für den Positivismus gilt nur als geistig, was mit dem Ich, der «Krone der Schöpfung», verbunden ist; das Ich ist die Mitte der Psyche. Für Jung hingegen existiert ein unbewusster und ein bewusster Geist (der erste ist der *objektive* Naturgeist, der zweite der *subjektive* Menschengeist).

Jungs Psyche-Modell zeigt, warum Karls Vision numinos war: Das Selbst ist das zeitgemäße Äquivalent des Gottes der Alten. Griff einst Gott vom Himmel herab ins irdische Geschehen ein, um seine Pläne zu verwirklichen, so greift nun das Selbst ins Leben der Menschen ein, um das im Genom angelegte Entwicklungsprogramm in gelebtes Leben umzusetzen. Jung schuf ein neues Paradigma mit unabsehbaren Konsequenzen, die er selber nur teilweise überblickte.

Wir verlassen nun Karls Vision und wenden uns, im Anschluss an diese, Jungs Gottesbild zu.

Jungs Gottesbild

Erstes Zitat

Nach der Schilderung der Vision vom Basler Münster fährt Jung unvermittelt fort:

> «**Gott** lässt sich in seiner Erprobung des menschlichen Mutes nicht beeinflussen durch Traditionen, und wären sie noch so heilig. [...] Wenn man den Willen **Gottes** erfüllt, kann man sicher sein, den richtigen Weg zu gehen. [...] **Er** kann von mir etwas verlangen, das ich aus religiöser Tradition heraus ablehnen möchte. Aber der Gehorsam **ihm** gegenüber ist es gewesen, der mir die Gnade gebracht hat, und seit jenem Erlebnis wusste ich, was **göttliche** Gnade ist. Ich hatte erfahren, dass ich **Gott** ausgeliefert bin, und dass es auf nichts anderes ankommt, als **Seinen** Willen zu erfüllen. Sonst bin ich dem Unsinn preisgegeben.
>
> Damals hat meine eigentliche Verantwortlichkeit begonnen. Der Gedanke, den ich denken musste, war mir schrecklich, und mit ihm erwachte die Ahnung, dass **Gott** etwas Furchtbares sein könnte. [...]
>
> Das waren die entscheidenden Erlebnisse meines Lebens. Damals ist es mir aufgegangen: Ich bin verantwortlich, und es liegt an mir, wie sich mein Schicksal gestaltet. [...] Niemand hat mir die Gewissheit nehmen können, dass ich gesetzt sei, das zu tun, was **Gott** will und nicht, was ich will. Das gab mir oft das Gefühl, in allen entscheidenden Dingen nicht mit den Menschen, sondern allein mit **Gott** zu sein. [...] Die Gespräche mit jenem **‹Anderen›** waren meine tiefsten Erlebnisse: einesteils blutiger Kampf, andererseits höchstes Entzücken. Über diese Dinge konnte ich natürlich mit niemandem reden.» (Jaffé, Jung, 1962, S. 46 ff.)

Jung spricht hier von der sinnvollen Gestaltung des Lebens mit Gottes Hilfe. So könnte ein evangelikaler Prediger reden, der auf Stufe 1b lebt. Dass sich ein Naturwissenschaftler so ausdrückt, ist verwirrend. Die Verwirrung verschwindet, wenn der Begriff «Gott» (Stufe 1) durch «mein Selbst» (Stufe 3) ersetzt, wenn «weltlich» von «Gott» geredet wird. Dann lautet der Text:

«**Mein Selbst** lässt sich in seiner Erprobung meines Mutes nicht beeinflussen durch Traditionen, und wären sie noch so heilig. [...] Wenn man den Willen **seines Selbst** erfüllt, kann man sicher sein, den richtigen Weg zu gehen. [...] **Es** kann von mir etwas verlangen, das ich aus religiöser Tradition heraus ablehnen möchte. Aber der Gehorsam **ihm** gegenüber ist es gewesen, der mir die Gnade gebracht hat, und seit jenem Erlebnis wusste ich, was Gnade ist. Ich hatte erfahren, dass ich **meinem Selbst** ausgeliefert bin, und dass es auf nichts anderes ankommt, als den Willen **meines Selbst** zu erfüllen. Sonst bin ich dem Unsinn preisgegeben.

Damals hat meine eigentliche Verantwortlichkeit begonnen. Der Gedanke, den ich denken musste, war mir schrecklich, und mit ihm erwachte die Ahnung, dass **mein Selbst** etwas Furchtbares sein könnte. [...]

Das waren die entscheidenden Erlebnisse meines Lebens. Damals ist es mir aufgegangen: Ich bin verantwortlich, und es liegt an mir, wie sich mein Schicksal gestaltet. [...] Niemand hat mir die Gewissheit nehmen können, dass ich gesetzt sei, das zu tun, was **mein Selbst** will und nicht, was ich will. Das gab mir oft das Gefühl, in allen entscheidenden Dingen nicht mit den andern Menschen, sondern mit **meinem Selbst** allein zu sein. [...] Die Gespräche mit dem **‹Anderen›** in mir waren meine tiefsten Erlebnisse: einesteils blutiger Kampf, andererseits höchstes Entzücken. Darüber konnte ich mit niemandem reden.» (Jaffé, Jung, 1962, S. 46 ff.)

Nun ist der Text klar. Er spricht säkular von der sinnvollen Gestaltung des Lebens. Warum tut Jung das nicht?

Das dürfte seinen Grund einmal darin haben, dass Karl mit Zwölf überzeugt war, *Gott* begegnet zu sein. Damals verstand er sein numinoses Erlebnis archaisch-konkretistisch. Es war für ihn Gott, der sich ihm offenbart hatte; nach seinem damaligen Verständnis hatte er eine Gottes-, nicht eine Selbst-Erfahrung. Als er die Vision im Alter seiner Privatsekretärin anvertraute, kamen wohl die damit verbundenen Emotionen wieder hoch und bewirkten ein *Abaissement du niveau mental,* eine Regression auf Stufe 1b.

Offenbar war sich Jung nicht richtig klar darüber, dass «Gott» (Stufe 1b) und «Selbst» (Stufe 3) durch Äonen getrennte Begriffe sind. Wer den Schritt von Phase 1 zu Phase 3 bewusst vollzieht, dessen Bewusstsein mutiert *irreversibel.* Um Missverständnissen vorzubeugen, redet er nicht mehr von Gott, sondern vom Geistaspekt des Seins und vom Selbst. Offensichtlich dachte Jung diese Problematik nie systematisch zu Ende; sonst wäre ihm diese Regression im Alter nicht passiert.

Ich hole nun nach, was Jung unterließ, und denke das Problem konsequent zu Ende. Ich setze mit einer religionsgeschichtlichen Erkenntnis ein. Danach lassen sich zwei Arten von jenseitigen Wesen unterscheiden: solche, die dem Menschen *nahe* sind und solche, die dem Menschen *fern* stehen. Im Prozess des «Hochschiebens des Himmels» (Phase 1a → 1b; Abbildung 8) rückten die jenseitigen Wesen stets weiter weg und wuchsen schließlich im Monotheismus zu einem einzigen jenseitigen Wesen im fernen Himmel zusammen.

Doch der Mensch auf Stufe 1 brauchte auch einen *nahen* Gott! Das Dilemma wurde von der ägyptischen Theologie so gelöst, dass diese sagte, der ferne Gott im Himmel habe einen irdischen Repräsentanten. Sein Stellvertreter auf Erden war der Pharao, Gottes Sohn. Unter Echnaton war der erhaben über allen jenseitigen Wesen thronende Gott Aton der einzige, der offiziell einen Kult erhielt; für kurze Zeit herrschte *Monolatrie.* In der Gestalt des Mittlers kam der ferne Gott den Menschen nahe. Im Christentum ist Jesus Christus die Mittlergestalt; er gilt als wahrer Mensch und wahrer Gott zugleich.

Die Differenzierung zwischen einem *nahen* und einem *fernen* Gott lässt uns erkennen, was Jung tat: Er klappte den *nahen* Gott in die menschliche Psyche hinein und transformierte ihn ins unbewusste Selbst. Damit tat er einen Sprung von Stufe 1b auf Stufe 3 hinauf. Er säkularisierte «Gott». Aber er versäumte zu deklarieren, was er tat, und vermischte Begriffe, die verschiedenen Zeitaltern angehören.

Den *fernen* Gott beließ er im Jenseits und nannte ihn das *transzendentale X.* Den *fernen* Gott konnte er aus zwei Gründen nicht hereinklappen: Zum einen war die Naturwissenschaft damals noch positivistisch geprägt; der Gedanke, die Materie sei geistbegabt, war noch nicht gedacht. Zum andern wurde das Hereinklappen Gottes in die Natur von der Kirche als «ketzerischer Spinozismus» und «Naturvergötzung» verdammt.

Wegen seiner Unklarheit fiel Jung zwischen Stuhl und Bank: Auf der einen Seite lehnt ihn die Kirche (Phase 1b) ab. Der «innere Gott» ist dieser seit jeher suspekt; Meister Eckhart (1260–1328) wurde wegen seiner Ansicht vom Gottesfunken im Menschen verurteilt. Im archaisch-mythischen Weltbild ist Gott ein übernatürliches, außerhalb der Welt existierendes Wesen, das nur für kurze Zeit Mensch wurde, in seinem Sohn Jesus Christus. Gott ist nichts Natürliches, und mit Sicherheit ist er kein Archetyp der menschlichen Psyche! Wer das sagt, vergötzt in den Augen der Kirche die Natur, wie Spinoza (1632–1677), der Erzketzer der Moderne, der Gott und Natur gleichsetzte. Für die jüdische, christliche und islamische Theologie ist Spinozas: *Deus sive natura* Ketzerei. «*Sit Anathema!* Verflucht sei er!»

Auf der andern Seite wird Jung von der positivistischen Wissenschaft (Phase 2) abgelehnt. Diese will nichts mit der «Hypothese Gott» zu haben, sondern empirisch Nachweisbares erforschen. Ihrer Ansicht nach ist Jung ein «Mystiker» (Phase 1).

Die positivistische Wissenschaft realisiert aber nicht, dass die Tiefenpsychologie durch die wissenschaftliche Hinwendung zur *inneren Wahrnehmung* den Empiriebegriff erweitert und damit die objektive Psyche mit ihrer arttypischen, phylogenetisch erworbenen Struktur entdeckt hat. Sie hält Jungs Wende nach innen für «Mystik». Dass Jungs Entdeckungen empirisch begründet sind, will sie nicht sehen.

Zweites Zitat

Ein Passus aus seiner Autobiografie zum Jahr 1912 lautet:

«Damals […] erlebte ich einen Augenblick ungewöhnlicher Klarheit. […] Ich dachte: ‹Jetzt besitzest du einen Schlüssel zur Mythologie und hast die Möglichkeit, alle Tore zur unbewussten menschlichen Psyche zu öffnen.› […] Ich hatte die Mythen vergangener Völker erklärt, […] in denen der Mensch seit jeher lebte. – ‹Aber in welchem Mythus lebt der Mensch heute?› – ‹Im christlichen Mythus.› – ‹Lebst du in ihm?›, fragte es in mir. –

‹Wenn ich ehrlich sein soll, nein! […] Offenbar haben wir keinen Mythus mehr.› […] – Da wurde es unangenehm, und ich hörte auf zu denken. Ich war an eine Grenze gekommen.» (Jaffé, Jung 1962, S. 174 f.)

1912 – zurzeit, als sich Jung von Freud trennte – hatte Jung einen Geistesblitz. In einem «Augenblick ungewöhnlicher Klarheit» entdeckte er, dass allgemeinmenschliche Symbole in Mythen, Märchen, Träumen, Visionen, Dogmen und Phantasien dem phylogenetisch erworbenen Bilderschatz der unbewussten Psyche entstammen. Diese Intuition ließ ihn erkennen, dass die Grundstruktur arttypischer Symbole genetisch gespeichert ist. Damit war das Rätsel der Herkunft arttypischer Symbole gelöst: Urbilder sind nicht Offenbarungen des Himmels (Phase 1) noch Auswirkungen äußerer Faktoren wie Klima, Landschaft, Migration etc. (so die Aufklärung, Phase 2); allgemeinmenschliche Symbole entstammen vielmehr dem Arsenal archetypischer Bilder im menschlichen Unbewussten (Phase 3). Das war eine Entdeckung von epochaler Bedeutung.

Die Idee, der Ursprung der Mythen liege im menschlichen Unbewussten, stammt von Freud, der 1904 schrieb: «Ein großes Stück der mythologischen Weltauffassung, die bis in die modernen Religionen hineinreicht, ist nichts anderes als in die Außenwelt projizierte Psychologie» (Freud, GW 4, 287). Freud hatte damit die persönlichen Komplexe im Unbewussten gemeint, z. B. den persönlichen Vater- oder Mutterkomplex als Grundlage der Gottesvorstellungen der Alten.

Über Freud hinaus entdeckte Jung nun 1912, dass allgemeinmenschliche Symbole nicht nur biografisch, sondern *phylogenetisch* erworbene (in der Grundstruktur vererbte) Bilder sind. Für Freud basierte die Mythologie auf der persönlichen, für Jung auf der «kollektiven» (arttypischen) Psyche. Jungs Entdeckung war ein *Paradigmenwechsel.* Doch er erkannte diesen nicht als solchen, sondern kapitulierte: «Offenbar haben wir keinen Mythus mehr [...] Da wurde es unangenehm, und ich hörte auf zu denken.»

Sein Geistesblitz von 1912 hatte die Nacht kurz erhellt, war aber noch kein richtiger Sonnenaufgang. Hinderte ihn vielleicht auch ein Blick auf seine Umgebung daran, den Paradigmenwechsel klar auszuformulieren und zu publizieren? Damit hätte er zweifellos in ein Hornissennest gestochen. Damals war die Kirche noch mächtig. Auf den Frontalangriff der Ersetzung des nahen Gottes durch das Selbst wäre sie mit schwerstem Geschütz aufgefahren. Wie auch immer: Jung erkannte die volle Bedeutung dessen, was er entdeckt hatte, nur halb.

Daraus ergab sich folgendes Problem: Für ihn war die innere Entwicklung vom Pfarrerssohn zum Tiefenpsychologen folgerichtig. Das verführte ihn zur Annahme, Theologen könnten den Weg, den er gegangen war, ebenfalls gehen. Doch darin täuschte er sich, und das bereitete ihm bis ins hohe Alter viel Ärger und Kummer, zuletzt mit dem Dominikanerpater Victor White.

Von Jung aus gesehen war es natürlich, Theologen für die Tiefenpsychologie gewinnen zu wollen; er hatte ihnen seines Erachtens vorgespurt. Aber das Problem war nicht so einfach zu lösen, wie er meinte: Der Schritt von der Theologie zur Tiefenpsychologie ist mit einem «Stirb und Werde!» verbunden. Theologie und Tiefenpsychologie stehen nicht neben-, sondern hintereinander, weil sie verschiedenen Phasen der Bewusstseinsevolution angehören. Sie lassen sie sich darum nicht mixen.

Die mythische Kollektiv-Religion muss zuerst sterben; erst danach kann sie als empirisch begründete, individuelle Spiritualität auferstehen. Diese Metamorphose scheut die Kirche aber wie der Teufel das Weihwasser. Sie glaubt, sie müsse sich nicht wandeln, weil sie im Besitz der ewig gültigen Offenbarung sei.

Klarheit in diesem Punkt mangelt der Analytischen Psychologie bis heute: Jung-Institute in aller Welt bilden Theologen zu Analytischen Psychologen aus, ohne diese darüber aufzuklären, dass ihre Ausbildung einen Wandel des kognitiven Grundmusters mit sich bringe. Man geht um den heißen Brei herum und verschleiert das schmerzhafte «Stirb und Werde!» Wer sich als Theologe für eine tiefenpsychologische Ausbildung entscheidet, kommt nicht um die religiöse Metamorphose herum. Man kann nicht Tiefenpsychologe sein und Archaiker bleiben. Mit Toleranz hat das nichts zu tun, wohl aber mit Redlichkeit. Tolerieren soll man andere Religionen, aber nicht die eigene chaotische Schubladenpsychologie.

Das zweite Zitat zeigt, dass Jung die Entwicklung von der Theologie zur Tiefenpsychologie nicht als Schritt in ein neues Zeitalter erkannte. Die Mutation des Bewusstseins, der Doppelschritt: Phase 1 → 2 → 3 wurde ihm nicht bewusst. Erst Obrist erkannte die volle Bedeutung der genialen Intuition von 1912. Im Gegensatz zu Jung ist Obrist ein systematischer Denker.

Drittes Zitat

Zu Jungs 85. Geburtstag strahlte Radio DRS ein Interview mit G. Gerster aus (erstmals am 3. Juli 1960). Nach seinem Gottesglauben gefragt, antwortete Jung:

«Das scheint eine sehr brennende Frage zu sein; die bin ich ja von der BBC auch gefragt worden: Ob ich an Gott glaube. Die Frage war etwas verblüffend, und da habe ich gesagt: ‹Ich habe es nicht nötig, an Gott zu *glauben,* ich *weiß* es.› Und bin dann erst nachher darüber erstaunt gewesen, dass ich das geantwortet habe. Aber das ist nun wirklich so.

Ich bin durch alle Phasen hindurch gegangen und habe dann in zunehmendem Maße gesehen, *dass* wir – und *wie* wir – von unbewussten Voraussetzungen abhängen, dass wir und wie wir besessen sind von gewissen Dingen. […] Immer wenn ein Mensch den Gottesnamen braucht oder ergriffen wird von etwas in überwältigender Weise, dann ist es das Phänomen ‹Gott›. Solange *ich* will und solange ich wollen und durchführen kann, was ich will, bin *ich* die oberste Instanz des psychischen Geschehens. Wenn ich das aber nicht mehr kann und etwas anderes für mich eintritt – das ist Gott. […] Da kommt nun die Frage unserer Erkenntnismöglichkeiten hinein. Nicht wahr, ich bin ja nur ein Mensch, und ich kann infolgedessen keinen Gott setzen. Ich kann die metaphysische Hypothese nicht wagen. Das wäre ein Übergriff. Ich wäre ja überheblich, wenn ich mir so etwas anmaßen würde: dass, weil ich so denke, es auch so sei. Davor muss ich mich hüten. […] Woher die Überwältigung kommt, das weiß ich nicht. Ich kann nur sagen: Irgendwie durchs Unbewusste ist das an mich gekommen. Ich werde vom Unbewussten her mit einer Emotion überschüttet. Oder ich habe einen ungeheuer eindrucksvollen Traum, der mich noch am Tag deprimiert oder erhebt. Das ist stärker als ich. Das habe nicht *ich* gemacht, sondern das ist ein Geschehen, das sich mir aufgedrängt hat und dem ich erlegen bin. Und das haben die Menschen immer schon als ‹Gott› bezeichnet [...] Wenn jemand das Gefühl hat für das Numinose und er von etwas wirklich überwältigt ist, dann wird er das begreifen.

Nicht wahr, ich kann es ja gar nicht wagen anzunehmen, dass die Vorstellungen, die sich mir eventuell daraus ergeben, dass das nun die richtigen Vorstellungen von Gott seien. [...] Ich erfahre sie nur im Psychischen. [...] Über dieses Milieu komme ich nie hinaus.

Ja, die Theologen sagen, durch den Glauben erhebe man sich darüber. Aber es gibt gar keinen Grund für eine solche Behauptung. [...] Ich *erlebe* das im Psychischen. Aber ich werde natürlich nie sagen, Gott sei das Psychische! Da fängt das Rätsel an. Da weiß ich nicht *mehr.* Da geschieht mir etwas. Und das ist eine Art der Anschauung, die für den modernen Menschen möglich ist» (Jung, 1986, S. 320 f.).

Jung interpretiert die Gotteserfahrung wiederum als numinose Erfahrung des Selbst und klappt den nahen Gott der Alten in die menschliche Psyche herein. Wer eine Selbst-Erfahrung macht, braucht keinen Gottesbeweis; denn er hat das numinose Phänomen, «das die Menschen immer schon als ‹Gott› bezeichneten», selber erlebt. Innere Erfahrungen sind so real wie äußere; durch sie wird einer zum «Experten» des Numinosen (lateinisch *expertus sum:* ich habe erfahren). Jung denkt *empirisch.* Er denkt das neue religiöse Paradigma aber nicht konsequent zu Ende, sondern wehrt ab: «Ich werde natürlich nie sagen, Gott sei das Psychische!» Er spürt, dass sich der Gott der Alten nicht auf den *nahen* Gott, die menschliche Psyche, reduzieren lässt. Den *fernen* Gott (zeitgemäß: den Geistaspekt der Natur außerhalb des Menschen) belässt er im Jenseits und nennt ihn «das transzendentale X»: «Da fängt das Rätsel an.»

Die Argumentation zeigt, dass Jung noch im *dualen* Schema von: «Transzendenz / Immanenz» denkt (Phase 1). Das heute zeitgemäße Weltbild ist *unistisch:* Nun gibt es nur noch ein einziges Sein. Jungs «transzendentales X» ist ein Rest aus dem Weltbild der Alten (das sind die Eierschalen, die er nicht los wurde).

Nach dem transzendenten Gott zu fragen, ist heute so sinnlos wie einst die Frage im archaisch-mythischen Weltbild, was Gott getan habe, *bevor* er die Welt erschuf. Darauf antwortete der Reformator Martin Luther schroff, vor der Erschaffung der Welt habe Gott Haselruten geschnitten, um dumme Frager von heute züchtigen zu können.

Sieben weitere Zitate

1. «Die Idee des moralischen Gesetzes und der Gottheit gehören zum unausrottbaren Bestand der menschlichen Seele. Darum hat sich jede ehrliche Psychologie, die nicht von einem banausenhaften Aufklärungsdünkel verblendet ist, mit diesen Tatsachen auseinanderzusetzen. Sie sind nicht weg zu erklären und weg zu ironisieren. In der Physik können wir eines Gottesbildes entraten; in der Psychologie ist es aber eine definitive Größe, mit der zu rechnen ist, so gut wie mit ‹Affekt›, ‹Trieb›, ‹Mutter› usw. Es liegt natürlich an der ewigen Vermischung von Objekt und Imago, dass man sich keinen Unterschied denken kann zwischen ‹Gott› und ‹Gottesimago› […] Es steht der Psychologie als Wissenschaft nicht zu, eine Hypostasierung der Gottesimago zu fordern. Sie hat aber, den Tatsachen entsprechend, mit dem *Vorhandensein eines Gottesbildes in der Psyche* zu rechnen» (Jung, GW 8, 316).

2. «Wenn ich als Psychologe sage, Gott sei ein Archetyp, so meine ich den Typus in der Seele» (Jung, GW 12, 27).

3. «Die Kompetenz der Psychologie als Erfahrungswissenschaft geht nur so weit, festzustellen, ob der in der Seele gefundene ‹Typus› aufgrund vergleichender Forschung als ein ‹Gottesbild› bezeichnet werden darf oder nicht. Über eine mögliche Existenz Gottes ist damit weder positiv noch negativ etwas ausgesagt, so wenig als der Archetyp des ‹Helden› das reale Vorhandensein eines solchen setzt» (Jung, GW 12, 28).

4. «Es wäre ein bedauerlicher Irrtum, wenn jemand meine Beobachtungen als eine Art Beweis für die Existenz Gottes auffassen wollte. Sie beweisen nur das Vorhandensein eines archetypischen Bildes der Gottheit, und das ist alles, was wir […] über Gott aussagen können» (Jung, GW 11, 64).

5. «Der Gottesbegriff […] hat mit der Frage nach der Existenz Gottes überhaupt nichts zu tun. Diese letztere Frage kann der menschliche Intellekt niemals beantworten; noch weniger kann es irgend einen Gottesbeweis geben» (Jung, GW 7, 77).

6. «Man kann sich die Wirklichkeit Gottes nicht anders vor Augen führen als unter Benützung meist spontan entstandener oder durch die Tradition geheiligter Bilder, deren psychische Natur und Wirkung der naive Verstand noch nie von deren unerkennbarer metaphysischer Grundlage getrennt hat. Der naive Verstand setzt das wirkungskräftige Bild in Eins mit dem transzendentalen X […] Bild und Aussage sind aber psychische Vorgänge und als solche von ihrem transzendentalen Gegenstand verschieden» (Jung, GW 11, 391).

7. «Was die Leute meist übersehen, ist der Umstand, dass ich die Psyche für wirklich halte. […] Gott ist eine offenkundige psychische und nicht physische Tatsache, das heißt, sie ist nur psychisch, nicht physisch feststellbar» (Jung, GW 11, 497).

Über den *nahen* Gott sagt Jung: «Gott ist eine offenkundige psychische […] Tatsache» (Zitat 7). Die menschennahe Seite des archaisch-mythischen Gottes klappt er in die Psyche herein und nennt sie das «wirkkräftige Bild» Gottes, das von Gott selber, dem «transzendentalen X», verschieden sei (Zitat 6). Die wirkkräftige Gottesimago im Menschen ist das Selbst, auf das unbedingt Verlass ist. Dementsprechend lehrt Jung seine Patienten, auf ihr Selbst zu vertrauen und sich von ihrem Selbst führen zu lassen. Das Gottvertrauen der Alten wandelt sich damit ins Vertrauen auf das Selbst in der Tiefe der eigenen Psyche. Diesen Wandel vollzieht Jung klar. In der Praxis ist er eindeutig.

Den fernen Gott belässt er im Jenseits. Wie in Phase 2 verblasst dieser: «Über eine mögliche Existenz Gottes ist damit weder positiv noch negativ etwas ausgesagt» (Zitat 3); das «transzendentale X» ist unerkennbar: «Diese Frage kann der menschliche Intellekt niemals beantworten; noch weniger kann es einen Gottesbeweis geben» (Zitat 5).

Zwischen dem transzendentalen X selbst und dessen Bild in der menschlichen Psyche besteht ein Graben. Wenn aber keine Verbindung besteht zwischen Gott und Gottesbild («Objekt und Imago»; Zitat 1), dann verliert das Gottesbild seinen Sinn. Wenn archetypischen Bildern (z. B. von der Mutter, vom Vater, Kind, Helden, Weg, Alten Weisen, Selbst) keine Realität entspricht, führen sie in die Irre. Wenn das transzendentale X vielleicht gar nicht existiert, hängt das Selbst in der Luft. In Wirklichkeit lehrte Jung seine Patienten aber, die Impulse ihres Selbst ernst zu nehmen!

Jungs Gottesbild ist widersprüchlich. Der Widerspruch wird gelöst, wenn die gesamte Übernatur der Alten, der nahe und der ferne Gott, hereingeklappt wird. Dann mutiert die Übernatur zum Geistaspekt der Natur. Der nahe Gott wird zum Selbst, und der ferne Gott mutiert zum objektiv Geistigen in der Natur außerhalb des Menschen.

Pensionierungstraum: Die kleine Wegkapelle

«Auf einer kleinen Straße ging ich durch eine hügelige Landschaft; die Sonne schien, und ich hatte einen weiten Ausblick ringsum. Da kam ich an eine kleine Wegkapelle. Die Türe war angelehnt, und ich ging hinein. Zu meinem Erstaunen befand sich auf dem Altar kein Muttergottesbild und auch kein Crucifix, sondern nur ein Arrangement aus herrlichen Blumen. Dann aber sah ich, dass vor dem Altar, auf dem Boden, mir zugewandt, ein Yogin saß, im Lotus-Sitz und in tiefer Versenkung. Als ich ihn näher anschaute, erkannte ich, dass er mein Gesicht hatte [...]» (Jaffé, Jung 1962, S. 326).

Deutung

Jung hatte diesen Traum 1944, mit bald Siebzig, nach einem fast tödlichen Herzinfarkt und erschütternden Nahtod-Erfahrungen.

Er zeigt drei Zeitabschnitte von Jungs Leben: Vergangenheit, Gegenwart, Zukunft.

1. Im Bild der Wanderung erscheint die *Vergangenheit.* Bei Lebensgefahr spult der Film zurück, mit dem Ziel, Übersicht zu gewinnen und einen Ausweg aus der Krise zu finden.
2. Im Bild der Wegkapelle erscheint die *Gegenwart.* Die Kapelle lädt ein zur Einkehr.
3. In den Bildern des Blumenstraußes und des Yogi erscheint der Impuls zur Gestaltung der *Zukunft.*

1. Rückblick

Das erste Traummotiv ist der Archetyp des *Homo viator:* «Auf einer kleinen Straße ging ich durch eine hügelige Landschaft [...]» Da das Ziel der Reise eine Kapelle ist, erscheint Jungs Leben als eine *Pilgerreise.* Religion war für ihn stets ein Thema von zentraler Bedeutung. Jung ist ein *Homo religiosus.*

Das Verb *pilgern* kommt vom lateinischen *peregrinus:* Ausländer. Als *Peregrini* bezeichnete man im mittelalterlichen Rom die Fremden, die eine Wallfahrt in die heilige Stadt unternahmen. Rom und Jerusalem waren die ehrwürdigsten Pilgerstätten der Christenheit: In Jerusalem wurde Christus gekreuzigt, um Gott mit der Welt zu versöhnen, und in Rom residierte der heilige Vater, der Stellvertreter Christi auf Erden.

Weltweit gibt es Tausende von Wallfahrtsorten; in Europa kam Santiago de Compostela (im Nordwesten Spaniens) zu besonderer Bedeutung *(Santiago* verweist auf den Namen des *heiligen Jakobus,* zu dessen Grab man pilgert). Eine Pilgerreise nach Rom, Jerusalem oder Santiago war einst für europäische Christen, was der Hadsch zur Kaaba in Mekka für Muslime oder die Fahrt an den Ganges für Hindus immer noch ist.

Auf Stufe 1 beruhte das Pilgern auf einem Impuls aus dem Unbewussten, der den Menschen antrieb: «Bleib nicht sitzen; steh auf und bewege dich; es muss etwas gehen!» Dieser progressive Impuls (lat. *progressio:* das Vorwärts-Schreiten) war ein doppelter: Er stieß eine äußere und eine innere Reise an. Das Pilgern förderte nicht nur den Kontakt mit Fremden, sondern auch die Bewusstwerdung, die Selbstfindung. Den mittelalterlichen Kreuz-Zügen (Wallfahrten zum Kreuz Christi in Jerusalem) verdankte Europa entscheidende Anstöße zur inneren und äußeren Weiterentwicklung.

Die Hauptsache am Pilgern war die Auszeit. Sie gab den im Tramp des Alltags und der *Persona* gefangenen Menschen Gelegenheit, Abstand zu gewinnen. Distanz fördert die Bewusstwerdung. Die Pilgerreise sprengte die Identifikation mit dem Kollektiv, in das man eingebunden war. Beim Pilgern ging man nicht nur nach außen, sondern auch nach innen. Wer monatelang von frühmorgens bis abends im Schweigen einen Fuß vor den andern setzte, war äußerlich und innerlich unterwegs. Nun lebte die Seele auf; sie erhielt Zeit, zu sich selber zu finden. Das Ziel der Pilgerreise war letztlich ein spirituelles; man wollte in den Himmel kommen. Auf Stufe 1 war sie Seelsorge; sie sorgte für das Heil der Seele.

Ein illustratives Beispiel dafür ist der Einsiedler Bruder Klaus von Flüe (1417–1487). Der Impuls zur Pilgerreise traf ihn mit ungeheurer Wucht. Weil er ihn lange Zeit (vor allem aus familiären Rücksichten) unterdrückte, wurde er depressiv. Die Depression verflog für immer, als er endlich den von seiner lieben Frau für ihn gewobenen Pilgerrock umhängte und sich auf den Weg machte. Er wollte ins Elsaß zu den «Gottesbrüdern» pilgern.

Aufgrund einer Licht-Vision im Baselbiet (bei Liestal) kehrte er jedoch auf halbem Weg wieder um und ließ sich schließlich im Ranft, ganz in der Nähe seines bisherigen Wohnorts, nieder und errichtete dort eine Eremiten-Klause. Er kehrte nach Hause zurück und wurde *dort* Einsiedler!

Heute müsste er den Umweg über Liestal und die Kapelle im Ranft nicht mehr machen. Aber er müsste umsatteln, um das in ihm angelegte Verlangen nach dem Leben eines spirituellen Führers zu verwirklichen. Genau das war er in seiner Klause im Ranft: ein spiritueller Begleiter vieler Menschen. Heute müsste er zuerst in die Schule gehen, lesen und schreiben lernen, Psychologie oder Medizin studieren und sich einer tiefenpsychologischen Ausbildung samt Psychoanalyse unterziehen. «Nikolaus von Flüe, Dipl. Analyt. Psychologe», stünde dann auf seiner Visitenkarte …

Weil er seit seiner Lichtvision in Liestal nicht mehr aß, galt er im In- und Ausland als *manageladen.* Dank seiner spirituellen Autorität konnte er in letzter Minute einen eidgenössischen Bürgerkrieg abwenden. Dass er nicht aß, ist historisch gut belegt. Wie es seinem Selbst gelang, die fürs Leben nötige Energie anders als über die Nahrung aufzunehmen, ist nach wie vor ein Rätsel. Er ging auch im Winter barfuß, hatte aber nie kalte Füße! Woher nahm sein Selbst die Energie, ihn zu wärmen? Bei seiner Licht-Vision in Liestal «kam ein Glanz, ein heller Schein vom Himmel her; der tat ihm den Bauch auf.» Was bedeutet diese Vision? Wie kann «Licht» einen Menschen ernähren?

Auf Stufe 2, im Positivismus, werden Wallfahrten sinnlos. Da die innere Wahrnehmung ausgeblendet wird, bleibt vom Pilgern nur das Herumreisen übrig. Dabei geht die Seele leer aus. Der moderne Mensch jettet rund um die Welt. Er verpestet damit die Atmosphäre; der Massentourismus verschandelt auch noch die letzten ökologisch intakten Gebiete der Erde. Der Mangel an Qualität wird durch Quantität ersetzt. Man muss möglichst alles gesehen haben. Das Reisen wird in Phase 2 zu einem Bestandteil der Kollektiv-Persona. Wer nicht von seinen Reisen erzählen und Bilder davon zeigen kann, ist «daneben».

Die moderne Krämerseele machte aus dem Pilgern ein lukratives Geschäft. Reiseunternehmen schossen seit dem 2. Weltkrieg wie Pilze aus dem Boden. Der Drang nach Mobilität steigt unentwegt. Der moderne Mensch ist stets in Bewegung – nur innerlich geht nix. So wird das beständige Herumlaufen zum Leerlauf, zu einem sinnlosen Muss in einer seelenlosen

Welt. Die Allgegenwart galt einst als eine Eigenschaft Gottes; nun eignet sie dem Menschen. Über einen Papst, der stets herumreiste, kursierte ein Bonmot: «Kennst du den Unterschied zwischen Gott und dem Papst? Gott ist überall, der Papst fast überall *gewesen.*» Nicht einmal der Heilige Vater kann sich heute im Alter zur Ruhe setzen.

Auf Stufe 3 wird aus dem Impuls zur Pilgerreise der Anstoß zum Individuationsprozess, zum Weg der Bewusstwerdung. Die längste Reise ist die zu sich selbst; sie führt zunächst in die Welt hinaus und endet mit der inneren Selbstfindung. Der entscheidende Impuls erfolgt oft erst in der zweiten Lebenshälfte, nach dem Aufbau der Persona. Dann meldet sich der Archetyp des/r Alten Weisen und legt einem nahe, sich allmählich aus dem Getriebe der Welt in die inneren Gemächer zurückzuziehen.

Nach dem Exkurs zum Pilgern wenden wir uns jetzt wieder dem Traum zu:

«Auf einer kleinen Straße ging ich durch eine hügelige Landschaft; die Sonne schien, und ich hatte einen weiten Ausblick ringsum.»

Als Pionier der Tiefenpsychologie bewegte sich Jung nicht im Mainstream; er ging nicht mit dem Kollektiv. Bildlich gesagt: Er fuhr nicht wie viele andere im Auto auf der breiten Landstraße; noch weniger saß er in der Eisenbahn, die einen auf fixen Schienen durch die Landschaft des Lebens befördert. Jung ging allein durch das Auf und Ab des Lebens, frei, eigenständig, geerdet. Er wählte den schmalen Pfad: «Der Pfad ist schmal, der zum Leben führt» (Matth. 7_{14})! Als Ausgleich für das Alleinsein gewann er einen weiten Überblick; seine Entdeckungen erweiterten den Horizont.

«Die Sonne schien» – der Himmel will ihm wohl. Mit dem bisher Erreichten darf er zufrieden sein. Der Traum bestätigt sein bisheriges Leben. Trotz des Herzinfarkts kann er sich sagen, er habe den rechten Weg gewählt. Das ist ein Trost. Diesen kann Jung gebrauchen, denn der Herzinfarkt war ein Schock für ihn.

2. Blick auf die Gegenwart

«Da kam ich an eine kleine Wegkapelle. Die Türe war angelehnt, und ich ging hinein.»

Eine kleine Wegkapelle taucht auf. In diesem Bild erscheint das aktuelle Problem: die ungelöste religiöse Frage. Die Wegkapelle lädt ein zu Stille und Besinnung. Jung soll in Ruhe nachdenken. Die Religion war für ihn von klein an von zentraler Bedeutung gewesen. Unlängst (1942) hatte er zwei Abhandlungen verfasst: *Versuch einer psychologischen Deutung des Trinitätsdogmas* und: *Das Wandlungssymbol in der Messe.*

Das war die intellektuelle Beschäftigung mit dem Glauben. Die Kapelle weist auf einen weiteren Schritt hin, auf die Einkehr, die Wende nach innen. Vielleicht würde ihn das weiterbringen?

Die Türe zur Kapelle ist angelehnt, die Zeit zur Einkehr reif. Der Herzinfarkt zwingt ihn, das äußere Engagement liegen zu lassen und das Bett zu hüten. Er muss sich nun nach innen wenden und in sein inneres Kloster eintreten. Dazu ist es jetzt Zeit. Er geht in die Kapelle hinein, um sich in der Stille zu sammeln.

Eine Seite weiter unten schreibt Jung im Zusammenhang mit seinem Traum: «Die entscheidende Frage für den Menschen ist: Bist du auf Unendliches bezogen? Das ist das Kriterium seines Lebens. [...] Wenn man versteht und fühlt, dass man schon in diesem Leben an das Grenzenlose angeschlossen ist, ändern sich Wünsche und Einstellung. Letzten Endes gilt man nur wegen des Wesentlichen, und wenn man das nicht hat, ist das Leben vertan» (Jaffé, Jung, 1962, 327 f.). Das meint das Bild von der Einkehr in der Kapelle. Es will Jung ans Wesentliche anschliessen.

3. Ausblick

a) der Blumenstrauß

«Zu meinem Erstaunen befand sich auf dem Altar kein Muttergottesbild und auch kein Crucifix, sondern nur ein Arrangement aus herrlichen Blumen.»

Zu Jungs Erstaunen ist die Kapelle nicht mit den christlichen Insignien geschmückt. Dass Jung darob erstaunt ist, erstaunt; denn er hat den kirchlichen Glauben ja schon vor einem halben Jahrhundert über Bord geworfen. Er fühlt sich in keiner Weise mehr dem christlichen Credo verpflichtet. Er glaubt weder an die Zeugung Jesu durch den Heiligen Geist in der Jungfrau Maria noch an die Erlösung der Welt durch das Opferblut Christi noch an Jesu leibliche Auferstehung, Himmelfahrt und Wiederkunft zum Gericht.

Warum überrascht ihn, dass Maria und das Kruzifix fehlen? Warum freut er sich nicht, dass der alte Ballast fort ist? Ist ihm das «Arrangement aus herrlichen Blumen» zu wenig? Warum *nur* ein Blumenstrauß? Ist dieser kein würdiger Ersatz für die Jungfrau und den Gekreuzigten?

Das Arrangement steht auf dem Altar, in der Nähe des Heiligen, und ist darum selber heilig. Das ist für den ehemaligen Pfarrerssohn nun doch nicht geheuer; denn Blumen (natürliche Gefühle) sind ja *nur* Natur! Wie können natürliche Gefühle mit dem Göttlichen zu tun haben, wo der Mensch doch ein Sünder ist und das Trachten seines Herzens böse von Jugend auf (1. Mose 8 21)? Wort und Sakrament erlösen den Menschen!

Auf Stufe 3 sind Blumen ein Symbol für natürliche Gefühle. Wenn diese von Menschenhand prächtig arrangiert werden, dann kooperieren der subjektive und der objektive Geist. Dann ist der Mensch Mitschöpfer; Mensch und Natur arbeiten Hand in Hand.

Die natürliche Religiosität löst die christliche ab. Das ist die einfache Lösung des religiösen Problems. Jung kann diese nicht nachvollziehen, weil er nicht konsequent und radikal genug denkt. Er macht keinen klaren Schnitt zwischen dem Alten und dem Neuen. Er will alte Schläuche mit neuem Wein füllen. Schon Jesus musste aber erfahren, dass Altes und Neues oft nicht zusammengehen und dass es dann besser ist, beides klar zu trennen: «Niemand gießt neuen Wein in alte Schläuche» (Markus 2 22)! Jung hofft, die Kirche mit Tiefenpsychologie *à jour* bringen zu können. Doch so einfach geht das nicht; denn Kirche ist mythischen *Heilstatsachen* verpflichtet. Diese dürfen nicht *symbolisch* gedeutet, sondern müssen konkretistisch geglaubt werden. Jung unterschätzt die dogmatische Fixierung der Kirche.

Weil Jung zu wenig radikal und zu wenig systematisch denkt, versteht er die einfache Botschaft des Traumes nicht. Andererseits hätte aber gerade er die besten Voraussetzungen dazu. Wie kein zweiter könnte er, als international renommierte Persönlichkeit, den Wandel des Welt- und Menschenbildes (Phase 1 → 3) theoretisch begründen, in der Arbeit als Psychotherapeut praktisch umsetzen und in Vorträgen und Schriften bekannt machen. Zweifellos würde er für seine Ideen Anhänger finden.

Zu diesem *opus magnum* gibt ihm der Herzinfarkt eine Chance. Er könnte einkehren in seine innere Kapelle und sich dort in Ruhe auf seine letzte große Aufgabe konzentrieren: die Begründung einer natürlichen Spiritualität.

Sein Spitalaufenthalt würde so zum Anfang einer segensreichen Pilgerreise nach innen. Dabei würde Jungs Traum zu einem Großen Traum, zum Impuls nicht nur für ihn selber, sondern auch für die Weiterentwicklung der westlichen Kultur. Er ist ein Traum, in dem die Evolution pulsiert.

Der Traum zeigt überdies, wie man spirituelle Räume zeitgemäß einrichten könnte: Orte der Sammlung, Stille und Besinnung in Bahnhöfen und Airports, in Industrie- und Geschäftsgebäuden, in Spitälern und Kasernen etc. ließen sich geschmackvoll mit natürlichen Symbolen der Ganzheit schmücken. Das wäre im Sinn einer zeitgemäßen Religiosität.

b) der Yogi

«Dann sah ich, dass vor dem Altar, auf dem Boden, mir zugewandt, ein Yogin saß, im Lotus-Sitz und in tiefer Versenkung.»

Im Bild des Yogi, der vor dem Blumenstrauß am Boden sitzt, erscheint der Archetyp des Alten Weisen. Durch die Begegnung mit ihm wird Jung berufen, ein Alter Weiser zu werden. Mit dem Archetyp des Alten Weisen erscheint ein arttypisches Verhaltensmuster, das sich in der Regel erst mit dem Älterwerden konstelliert. Es regt den Menschen an, sich in der zweiten Lebenshälfte langsam aus dem Kampf ums Dasein zurückzunehmen und das Leben mit mehr Distanz zu betrachten, wie ein *spectaculum mundi* (Welttheater). Etwa ab Fünfzig soll der Mensch des *Memento Mori* gedenken: «Lehre uns bedenken, dass wir sterben müssen, damit wir klug werden» (Psalm 90,12). Vom bald Siebzigjährigen fordert der Traum mehr Distanz zum «Treiben der Welt».

Wer einem Archetyp begegnet, wird von einer im Genom gespeicherten Naturkraft ergriffen. Im Bann des Archetyps des Alten Weisen zogen sich einst altindische Brahmanen zu Beginn der letzten Lebensphase in die Wälder zurück, um zur Erleuchtung zu kommen, und aus demselben Grund trat im alten Europa am Lebensabend manch wackerer Kämpe ins Kloster ein. Dieser Archetyp fördert die Bewusstwerdung des Menschen; die Entwicklung wird unterstützt durch das Abnehmen der vitalen Leidenschaften. Diese reißen das Bewusstsein nicht mehr derart heftig mit sich wie in jungen Jahren. Dennoch gilt das Sprichwort: «Alter schützt vor Torheit nicht!» Seelische Reife ergibt sich nicht automatisch.

Der Rückzug der Alten ins «Stöckli» (Altenteil) ist keine menschliche Erfindung, sondern altes Erbe aus der Phylogenese; bekanntlich sind alte Tiere «besonnener» als junge. So ziehen sich z. B. bei Menschenaffen die Alten ins hintere Glied zurück. Wenn aber Not am Mann ist und ihre Lebenserfahrung benötigt wird, werden sie von den Jungen nach vorn geholt. Dasselbe meint das Sprichwort: «Die Alten für den Rat, die Jungen für die Tat.»

Der Jung zugewandte Yogi meditiert am Boden in tiefer Versenkung (sanskrit: *Dhyana* → chinesisch: *Ch'an-na, Ch'an* → japanisch: *Zenna, Zen*). Er sitzt still und ist geerdet. Jung hingegen saust im Zeugs herum. Meditation wäre für ihn nichts Unbekanntes; denn in seinem Studierzimmer sitzt ein riesiger Buddha, und er übt Yoga. Aber er meditiert nicht um des Meditierens willen, sondern wohl eher in der Hoffnung, fit zu bleiben, damit er keinen Herzinfarkt erleide!

Unter der Herrschaft des Alten Weisen würde Jungs Meditation tiefer. Jung muss lernen, still zu sitzen. So könnte er einem erneuten, dann vielleicht tödlich verlaufenden Herzinfarkt vorbeugen und die ihm vom Traum gestellte Aufgabe lösen, eine natürliche Spiritualität zu entwickeln. Das letzte Traumbild doppelt nach:

«Als ich den Yogin anschaute, sah ich, dass er mein Gesicht hatte.»

Der Yogi sitzt nicht im Fernen Osten, sondern hier am Zürichsee, Jung gegenüber. «*Hic Rhodos, hic salta*» (hier ist Rhodos, hier springe)! Der Archetyp des Alten Weisen will hier und jetzt in das von Jung gelebte Leben umgesetzt werden; darum hat er Jungs Gesicht.

Der Traum gibt Jung die Chance, seinem Lebenswerk durch Stillsitzen die Krone aufzusetzen. Damit würde sich Jung in der europäischen Geistesgeschichte unter die Großen einreihen. Er ahnt, dass das Schicksal Einiges mit ihm vorhat. Er will «Gewissheit darüber erlangen und verstehen, in was für einen geschichtlichen Zusammenhang ich und mein Leben gehören» (Jaffé, Jung 1962, 295)! Wird er die Chance ergreifen? Bevor wir dieser Frage nachgehen, betrachten wir noch eine Parallele zum Yogi-Traum.

Eine Parallele

In einer Kontemplationswoche über Teresa von Avila (1515–82) schaute Uschi (auch sie war damals fast Siebzig) in einer Imagination folgende Bildergeschichte:

«Ich spaziere bei schönem Herbstwetter in einem lichten Wäldchen auf einem schmalen Weg einem kleinen See entlang. Der Weg führt mich zu einer kleinen Kapelle, die rechts von mir zwischen Weg und See steht. Die Tür ist, was ich als einladend empfinde, halb offen. Erwartungsvoll trete ich ein. Der romanische Raum ist schlicht und einfach, ohne christliche Symbole: Keine Maria, kein Kreuz, keine Heiligenbilder, keine Blumen. Statt eines Altars steht im Chor vorne, um drei Stufen erhöht, eine riesige, wunderschöne Truhe aus demselben dunklen Holz wie die wenigen Bänke in der Kapelle.

Ich betrachte die faszinierende Truhe voller Bewunderung. Da beginnt sich ihr Deckel langsam zu heben, und ihr entsteigt mit graziösen Bewegungen Teresa von Avila in einem feuerroten, vorne tief ausgeschnittenen Kleid aus fließendem Stoff, wie wenn sie zu einem Flamenco schreiten würde. Sie ist etwas kleiner als ich, trägt schulterlanges, leicht gewelltes pechschwarzes Haar und hat dunkelbraune, mandelförmige Augen. Sie geht barfuß. Ihre Hände und Füße sind nicht zierlich (vergeistigt), sondern erdhaft. So steht sie da und blickt mich lange wissend an; sie lächelt und hält dann beide Hände auf ihre Mitte.

Ich gehe langsam auf sie zu und blicke zu ihr empor. Ich spüre eine große innere Verbundenheit mit ihr, die nicht in Worte zu fassen ist. Seelenverwandtschaft. Ich weiß: ‹Ja, so muss es sein.› Nach geraumer Zeit beginne ich, mich rückwärts zu bewegen, um sie nicht aus den Augen zu verlieren, und gehe bis zur ersten Bankreihe. Dort setze ich mich im Meditationssitz hin, aufrecht, die Hände zu Schalen geformt, den Blick ins Unendliche gerichtet. Die Stille in der Kapelle ist so dicht, dass sie hörbar wird. Eine tiefe Ruhe breitet sich in mir aus, ein unbeschreibliches Glücksgefühl. Ich weiß: ‹Alles ist gut, so wie es ist.› Als ich schließlich meinen Blick aus der Versenkung erhebe, ist Teresa verschwunden und die Truhe wieder verschlossen.

Langsam stehe ich auf und verlasse die Kapelle. In der Gewissheit, dass das, was eben war, bleiben wird, begebe ich mich zurück in den Alltag.»

Die Imagination

In der Kapelle steht eine durch drei Stufen erhöhte Truhe, eine matriarchale Parallele zum Drei-Stufen-Kreuz und dem Grab Jesu. Während Jesus das Grab aber mit dem Auferstehungsleib verließ, um himmelwärts zum Vater zurückzukehren, entsteigt Teresa der Truhe als geerdete, ganzheitliche Frau. Auf Stufe 1b ist das spirituelle Ziel der Himmel, auf Stufe 3 natürliche Ganzheit. Jesus fährt auf; Teresa integriert ihre Natur.

Teresa ist für Uschi ein Impuls zur Integration ihrer Weiblichkeit. Bisher war sie ihr vorbildlich wegen ihrer spirituellen Sensitivität und ihrer erstaunlichen introspektiven Begabung. Die intensive Beschäftigung mit Teresa in dieser Kontemplationswoche brachte aber auch eine Schattenseite ans Licht: die Leibfeindlichkeit. Teresas Spiritualität war – gemäß der damals herrschenden psychischen Konstellation von Phase 1b – hauptsächlich nach oben ausgerichtet.

Nun fragt sich Uschi, etwas verunsichert, ob sie Teresa als unzeitgemäßen Ballast über Bord werfen müsse. Die Antwort lautet: «Schütte das Kind nicht mitsamt dem Bade aus!» Teresa bleibt Vorbild (wegen ihrer religiösen Begabung); andererseits wird sie aber von Stufe 1 auf Stufe 3 hinaufgehoben.

Daran sieht man, wie locker das Unbewusste mit der religiösen Tradition umgeht (die Imagination fiel Uschi während einer Meditation zu wie ein Traum; ihr Ich war bei deren Zustandekommen nicht beteiligt). Die religiöse Tradition wird nicht abgeschafft, sondern umgeschaffen – ein kreativer hermeneutischer Impuls. Wenn das Unbewusste so flexibel umgeht mit der heiligen Tradition, warum klebt dann das Bewusstsein stur, konservativ und neophob am Alten? Am Schluss des Traums ist Uschi überglücklich. Sie wird die gewandelte Teresa als Vorbild in den Individuationsprozess integrieren.

Parallelen

Die Gemeinsamkeiten von Uschis Imagination mit Jungs Pensionierungstraum (den Uschi damals noch nicht kannte) sind offensichtlich. In beiden Fällen geht es um die Krönung eines eigenständig gelebten Lebens. Auch das zugrunde liegende archetypische Dreier-Schema ist dasselbe:

1. Abschnitt: Vergangenheit (Wanderung);
2. Abschnitt: Gegenwart (Einkehr in die Wegkapelle);
3. Abschnitt: Zukunft (Begegnung mit dem Archetyp).

1. Rückblick (Wanderung):
   Jung und Uschi gehen den Weg allein zu Fuß. Beiden lacht der Himmel. Der Traum bestätigt das bisherige Leben; bis hierhin ist alles o. k.
2. Blick auf die Gegenwart (Einkehr in die Wegkapelle):
   In beiden Fällen geht es um eine religiöse Frage von zentraler Bedeutung.

3. Ausblick (Begegnung mit dem Archetyp):
   Der Archetyp (Yogi/Teresa) gibt einen Impuls zur Gestaltung der Zukunft.

Unterschiede

Die Unterschiede zwischen den beiden Träumen sind ebenso augenfällig wie die Gemeinsamkeiten. Sie betreffen vor allem die Beziehung zwischen dem Ich und dem Archetyp. Diese ist herzlich zwischen Uschi und Teresa, aber kühl zwischen Jung und dem Yogi, in welchem sich Jungs Selbst veranschaulicht.

Die Botschaft des Yogi-Traums ist klar: «Ein Blumenstrauß genügt. Meditiere, was das heißt.» Abschließend gehen wir der Frage nach, wie Jungs Bewusstsein diesen schöpferischen Impuls aus dem Unbewussten verstanden hat. Und was wusste Jung damit anzufangen? Hat er den Anstoß aufgenomenn und konsequent umgesetzt?

Jungs Deutung des Yogi-Traums

Ein Grund für den Herzinfarkt und den Yogi-Traum war vermutlich Jungs Überaktivität. Er nahm sich zu wenig Zeit, sein Alter zu bedenken und sich entsprechend einzurichten. Siebzig war am Ende des Zweiten Weltkrieges bereits ein schönes Alter; von Beschaulichkeit war bei Jung noch nichts zu spüren. Ein Blick auf seinen Alltag von 1944 zeigt, dass er eher das Leben eines Fünfzigers führte:

Neben seiner großen Privatpraxis, vielen öffentlichen Auftritten, internationaler Korrespondenz und publizistischer Tätigkeit belastete den einstigen Oberst im Militär auch der Krieg. Beispielsweise lancierte ein Psychoanalytiker (ein Freudianer) eine Verleumdungskampagne mit dem Gerücht, Jung sei mitverantwortlich für die Vernichtung der Juden. Zudem wurde gemunkelt, er fliege bisweilen nach Berchtesgaden zu Hitler. In Wirklichkeit hatte ihn einer der Ärzte Hitlers (im Namen einiger ranghoher Offiziere um den Führer) gebeten, Hitler in Berchtesgaden zu analysieren und für unzurechnungsfähig zu erklären, damit Hitler gestürzt und der sinnlose Krieg beendet werden könne (Baire 683f.). Als Präsident der Deutschen psychoanalytischen Gesellschaft musste Jung beruflich mit Matthias Göring, einem Vetter des Feldmarschalls Hermann Göring, verkehren; Göring oblag die Aufsicht über die Reichs-Psychotherapie. Wegen dieses Kontakts wurde Jung als Nazi verleumdet. Dass an dieser Verleumdung nicht viel wahr sein kann, zeigt nur schon die Tatsache, dass die Aliierten Jung ab 1943 als psychologischen Begutachter für sich einspannten. Er war *Agent* 488 für Allen W. Dulles, den amerikanischen Geheimdienst. Er war in *topsecret* Informationen eingeweiht (Bair, 2005, S. 923 u. 700). Ärgerlich war die freudianische Hetzkampagne trotzdem.

In Zürich war er seit dem 60. Geburtstag Titularprofessor für Psychologie an der ETH, der Eidgenössischen Technischen Hochschule. Dazu kam neu eine speziell für ihn geschaffene Professur für Psychotherapie an der Universität Basel, in jener Stadt, wo er einst als Gymnasiast erfahren musste, als Sohn eines armen Dorfpfarrers sei er ein Nobody. Mit Siebzig anerkannte ihn endlich auch seine Heimatstadt (er war nun Professor wie sein Großvater). Kurz zuvor hatte ihn Zürich mit dem Literaturpreis der

Stadt geehrt. Außerdem hatte er die Gründung des Jung-Instituts Zürich im Auge, einer internationalen tiefenpsychologischen Ausbildungsstätte für Akademiker aller Fakultäten. Und nicht zuletzt hatte er auch eine Frau, fünf Kinder, viele Enkelkinder und Toni Wolff.

Bereits diese wenigen Schlaglichter zeigen, dass Jung alles andere als ein altersgemäßes Leben führte. Der Herzinfarkt packte ihn von hinten und riss ihn brutal aus seiner Geschäftigkeit heraus. Das war ein Schock.

Jungs Jenseitskomplex

«Ich erschrak zutiefst und erwachte mit dem Gedanken [...]»

So lautet der Schluss des Yogi-Traums (den ich bisher aus methodischen Gründen nicht erwähnte). Der Traum erschreckt Jung zutiefst. Woher kommt der tödliche Schreck? Der Impuls, das Lebenswerk mit der Erarbeitung einer natürlichen Spiritualität zu krönen, ist nichts Furchterregendes. Im Gegenteil, er will Jung inspirieren.

Der Grund für Jungs Erschrecken ist vor allem der Tod, der seit Tagen an seinem Bett steht. Jung hat sich alles ganz anders vorgestellt! Anstatt dass er seine Zukunftspläne verwirklichen kann, wird er nun brutal mit dem «Jenseits» konfrontiert. Von dieser Erfahrung her betrachtet er den Yogi-Traum. Deswegen sieht er etwas in ihm, das dieser gar nicht enthält. Jung projiziert das Jenseits in den Traum hinein. Hätte dieser Jungs Tod anzeigen wollen, hätte er aber andere Bilder gewählt, z. B. schwarz gekleidete Menschen, einen Sarg, einen Friedhof, einen Leichenzug, einen Pfarrer am Grab oder in der Kirche, die Totenglocke, traurige Orgelmusik, weinende Angehörige etc. Keine Spur davon ist im Traum zu finden.

Jung beurteilt seinen Traum infolge seiner Jenseitserfahrungen nicht objektiv, nicht mit der gebotenen Distanz (es ist immer einfacher, Träume anderer zu deuten als seine eigenen).

Der weitere Verlauf von Jungs Leben zeigt, dass sich Jung täuscht, wenn er meint, sein letztes Stündlein habe geschlagen. Sein Schock ist verständlich; aber er wird sich vom Herzinfarkt erholen und noch siebzehn Jahre lang weiter leben. So bleibt ihm noch viel Zeit zur Entfaltung des Archetyps des Alten Weisen, und diese Zeit wird er sich in Zukunft auch nehmen: Er wird sich mehr und mehr in seinen Turm in Bollingen zurückziehen und der werden, der er werden soll: alt und weise. Wenn er dann mit 85, am letzten Weihnachtsessen im Psychologischen Club, die Geschichte vom Regenmacher aus Kiautschau erzählen wird, wird diese mit seinem Leben übereinstimmen und die Anwesenden tief beeindrucken, obwohl alle sie schon kennen:

In einem chinesischen Dorf regnete es monatelang nicht mehr. Der Boden war aufgerissen und ausgedorrt. Die Wasservorräte gingen zu Ende. Mensch und Tier litten entsetzlichen Durst. Was tun? In ihrer Verzweiflung ließen die Bewohner nach einem Regenmacher rufen. Der kam und baute sich am Rande des Dorfes eine Hütte und bat um etwas Brot und um etwas Wasser. Und vor allem bat er um Ruhe. Bald begannen die Dorfbewohner unruhig zu werden. Er tut ja nichts! Er hat sich eingeschlossen und lässt den Dingen ihren Lauf. Nur mit Mühe konnten die Ältesten des Dorfes die anderen davor zurückhalten, die Hütte am Rande des Dorfes zu stürmen. Da endlich, am vierten Tag, begann es zu regnen [...]

Die Menschen stellten den seltsamen Mann zur Rede. Wie in aller Welt ist das zu erklären? Du hast nichts getan! Überhaupt nichts. Du bliebst einfach in deiner Hütte mit Wasser und Brot – und doch begann es zu regnen, und auf einmal haben wir Wasser. Wie konnte das geschehen? «Ich habe dafür gesorgt, dass ich heil wurde», antwortete der Regenmacher, «und als ich heil wurde, wurde die Natur heil, und als die Natur heil wurde, begann es zu regnen.»

So weit ist Jung mit Siebzig noch nicht. Er liegt todkrank im Bett und wird von Nahtoderfahrungen heimgesucht, die ihn ins Jenseits entführen.

Jenseitserfahrungen

Abbildung 15: Während des Traums und im Sterben fliegt die Seele ins Jenseits
(Bild: Elisabeth Fux; Kaufmann 2006, Abb. 6)

Nach dem Herzinfarkt hatte Jung verschiedene Nahtoderfahrungen. Diese überfielen ihn mit einer Wucht sondergleichen. Die Bilder, die er sah, konnte er nicht mehr als *innere* Bilder auffassen (Phase 3). Sie überrollten ihn derart massiv, dass er sie konkretistisch apperzipierte (Phase 1). Während er halbtot auf dem Bett lag, sah er, wie seine Seele entwich und Ungeheures erlebte. Es war eine Reise in ein Reich «von letzter Objektivität», das außerhalb der Welt lag.

Davon war er nicht nur während der Visionen überzeugt, im Zustand des *Abaissement du Niveau mental,* sondern auch noch danach, im Wachzustand. In seinem reduzierten Allgemeinzustand verstand er das Geschaute archaisch-mythisch, und diese Ansicht behielt er bis zu seinem Tod bei (obwohl er Visionen früher *symbolisch* gedeutet hatte). Seine Nahtoderfahrungen bewirkten eine partielle Regression, die bis zum Tod perseverierte:

«All diese Erlebnisse waren herrlich, und ich war Nacht für Nacht in lauter Seligkeit getaucht. […] Von der Schönheit und der Intensität des Gefühls während der Visionen kann man sich keine Vorstellung machen. Sie waren das Ungeheuerste, was ich je erlebte. Und dann dieser Kontrast, der Tag! Da war ich gequält und mit den Nerven vollständig herunter. Alles irritierte mich, war zu materiell, zu grob und schwerfällig, räumlich und geistig beschränkt. […] Im Grunde genommen bin ich seither nie mehr vom Eindruck losgekommen, dass unser ‹Leben› nur ein Existenzausschnitt sei, welcher sich in einem hierfür bereitgestellten dreidimensionalen Weltsystem abspielt. [...] Ich hätte nie gedacht, dass man so etwas erleben könnte, dass eine immerwährende Seligkeit überhaupt möglich sei. Die Visionen waren vollkommen real; nichts war anempfunden; sondern alles war von letzter *Objektivität*» (Jaffé, Jung 1962, S. 298 f.).

Die Bilder, die Jung sah, zeigten ihm eine Realität von letzter Objektivität. Diese lag nicht in seiner objektiven Psyche (Phase 3), sondern außerhalb der Welt (Phase 1). Das Leben hienieden erschien ihm jetzt nur noch als «Existenzausschnitt» aus einem ewig währenden Dasein. Die wahre Wirklichkeit lag für ihn jetzt im Jenseits. Weil die Bilder der Nahtoderfahrungen «nicht anempfunden» (nicht vom Ich gemacht), sondern «vollkommen real» waren, hielt er sie für die wahre Wirklichkeit, die sich jenseits des dreidimensionalen Weltsystems befinde.

1912 hatte er mit der symbolischen Deutung von Mythen, Märchen, Träumen und Visionen das Tor zu einem neuen Paradigma (Phase 3) geöffnet. Nun annullierte die Wucht der Nahtoderfahrungen seine epochale Entdeckung von 1912.

Eine solche Reaktionen konnte ich schon verschiedentlich beobachten. An den dreijährigen Kursen zum Wandel des Weltbildes, die meine Frau und ich früher erteilten, nahmen auch einige teil, die schon Nahtoderfahrungen hatten. Sie konnten die Schritte: Phase 1 → 2 → 3 intellektuell spielend nachvollziehen; aber ihre *eigenen* Nahtoderfahrungen vermochten sie nicht als innere Bilder aufzufassen; diese waren nach ihrem Dafürhalten äußerlich *real!* Ihre Erfahrungen waren so erschütternd, dass sie unmöglich «nur» dem Unbewussten entstammen konnten (da tauchte wieder dieses «Nur» auf; «nur» ein Blumenstrauß ersetzt die christlichen Insignien).

Das zeigte mir, wie tief eingefleischt das spätarchaische Weltbild hierzulande noch ist: «Die sündige, vergängliche Welt ist nur Materie. Das Wunderbare und Staunenswerte, der Geist, kommt von drüben.»

Der Yogi

Durch Jungs Regression auf Stufe 1b wandelt sich für ihn die Gestalt des Yogi. Dieser ist nun kein Symbol für eine innere Realität mehr (den Archetyp des Alten Weisen), sondern ein jenseitiges Geistwesen, das sich bei der Geburt eines Menschen inkarniert und beim Tod ins Jenseits zurückkehrt, wo seine wahre Heimat liegt.

Jung schwebt vermeintlich zwischen hüben und drüben. Bald ist er hienieden, bald dort oben; er pendelt zwischen beiden Welten hin und her. Der Yogi ist nach seinem Dafürhalten der unsterbliche Teil seines Selbst, der zur Zeit gerade im Jenseits weilt und dort Jungs irdisches Leben träumt. Solange der Yogi dort träumt, bleibt Jung hier am Leben. Wenn der Yogi zu träumen aufhört, hört auch Jungs irdisches Leben auf. Was hienieden passiert, ist ein Traum, der im Jenseits geträumt wird. So deutet Jung seinen Yogi-Traum auf Stufe 1b und kommt ins Mythologisieren:

«Ich erschrak zutiefst und erwachte mit dem Gedanken: ‹Ach so, der Yogi ist der, der mich meditiert. Er hat einen Traum, und das bin ich. › Ich wusste, dass wenn er erwacht, ich nicht mehr sein werde.

Dieser Traum stellt ein Gleichnis dar: Mein Selbst begibt sich in die Versenkung, sozusagen wie ein Yogin, und meditiert meine irdische Gestalt. Man könnte auch sagen: Es nimmt menschliche Gestalt an, um in die dreidimensionale Existenz zu kommen. [...] Die Gestalt des Yogin würde gewissermassen meine unbewusste pränatale Ganzheit darstellen. [...] Wie die *Laterna magica* ‹projiziert› die Meditation des Yogin meine empirische Wirklichkeit. [...] Es ist klar, dass dies viel Ähnlichkeit mit der östlichen Weltanschauung hat." (Jaffé, Jung 1962, S. 326 ff.)

Zuvor schreibt Jung:

«Ich könnte mir gut vorstellen, dass ich in früheren Jahrhunderten gelebt habe und dort auf Fragen gestoßen bin, die ich damals noch nicht beantworten konnte; dass ich wiedergeboren werden musste, weil ich die mir gestellte Aufgabe nicht erfüllt hatte. Wenn ich sterbe, werden – stelle ich mir vor – meine Taten nachfolgen. Ich werde das mitbringen, was ich getan habe. [...] Hat Richard Wilhelms scherzhafte Vermutung recht, dass ich in meinem Vorleben ein rebellischer Chinese gewesen sei, der strafweise seine östliche Seele in Europa entdecken muss? […] Ich halte es für wahrscheinlich, dass es auch im Jenseits irgendwelche Beschränkungen gibt. […] Irgendwo ist ‹dort› ein weltbedingendes Muss, das dem Jenseitszustand ein Ende bereiten will. Dieses schöpferische Muss wird darüber entscheiden, welche Seelen wieder in die Geburt eintauchen werden. […] Das hängt vielleicht davon ab, wie viel sie an Vollständigkeit oder Unvollständigkeit ihrer Existenz hinüber genommen haben. […] In meinem Fall muss es in erster Linie ein leidenschaftlicher *Drang zu verstehen* gewesen sein, der meine Geburt bewirkt hat» (Jaffé, Jung 1962, S. 320 ff.).

Jung versteht die Bilder archaisch-konkretistisch. Während des Erwachens, wenn man schlaftrunken aus archaischen Schichten der Psyche auftaucht, befindet sich das Ich auf Stufe 1. Wer seine Träume in diesem Zustand deutet, denkt noch archaisch-mythisch. Er erreicht Stufe 3 erst, wenn er hellwach und tiefenpsychologisch informiert ist. Wachheit und Informiertheit sind die Voraussetzungen einer zeitgemäßen Traumdeutung.

Ein neutraler tiefenpsychologischer Experte hätte Jungs Irrtum erkannt. Ein solcher stand aber nicht zur Verfügung. Heute müssen sich Psychotherapeuten einer regelmäßigen Supervision unterziehen und ihre Träume mit Kollegen besprechen. Das gab es zu Jungs Zeit leider noch nicht. Daraus folgt: «Deute Träume nicht im Halbschlaf und besprich sie mit Fachleuten!»

Der Yogi ist ein Selbstsymbol und nicht ein jenseitiges Wesen aus dem archaisch-mythischen Weltbild. Der Traum will die Beziehung zwischen Jungs Ich und dem Selbst intensivieren. «Bist Du auf Unendliches bezogen oder nicht?» Dieses Ziel hat der Traum im Laufe der Jahre auch erreicht. Der Archetyp setzte sich durch, trotz Jungs Abgleiten ins Mythologisieren.

Der Yogi-Traum als Großer Traum

Jungs Yogi-Traum ist nach wie vor aktuell. Er ist nicht nur für Jung persönlich von Bedeutung, sondern auch für unsere Zeit. Sein doppelter Impuls gilt nach wie vor: Er begründet eine natürliche Spiritualität, und er empfiehlt, der Entfaltung des Archetyps des/r Alten Weisen eine Chance zu geben. Erst die Einkehr ins Innere gibt unserem Leben Sinn und Tiefgang. Letztlich geht es um die gegenseitige Durchdringung von Ich und Selbst, um das «Mysterium Coniunctionis»: «Soweit wir zu erkennen vermögen, ist es der einzige Sinn der menschlichen Existenz, ein Licht anzuzünden in der Finsternis des bloßen Seins» (Jaffé, Jung 1962, S. 329). Ein solches Licht für unsere Gegenwart und Zukunft wäre die Entwicklung einer natürlichen Spiritualität. Jungs Yogi Traum ist noch nicht ausgereizt. Jungs Werk blieb ein Torso. Es bedarf der Ergänzung. Die Forschung geht weiter.

Epilog: Weiterdenken

Da Jung seine genialen Entdeckungen nicht systematisch zu Ende dachte und im Alter teilweise von Phase 3 in Phase 1 regredierte, bedürfen seine Schriften, insbesondere sein Alterswerk, kritischer Leserinnen und Leser.

Die Entwicklung der Tiefenpsychologie geht weiter. Jungs Werk ist keine Offenbarung, an der es nichts zu verbessern gäbe. Jungs Jünger und Jüngerinnen sollten seine Bücher nicht exegesieren wie Theologen die Bibel. Obrist spricht von einer unter Jungs Anhängern verbreiteten «Jung-Exegese». Diese blockiert die Weiterentwicklung. Echte Wissenschaft ist in Bewegung.

Obrist zeigte die Bedeutung von Jungs Entdeckungen für ein neues Welt- und Menschenbild auf und erkannte in der Tiefenpsychologie die «Basaldisziplin der Humanwissenschaft» (Mertens, 2004). Das sind große Impulse zum Weiterdenken.

Zwei kleine Impulse zum Weiterdenken wollen die beiden folgenden Abschnitte sein. Darin geht es zum einen um eine neue Definition der Begriffe «Seele» und «Psyche», zum andern um politische Konsequenzen der Tiefenpsychologie.

1. Neue Definition von «Seele» und «Psyche»

In der Tiefenpsychologie werden die Begriffe «Seele» und «Psyche» kaum unterschieden. Das ist ein Mangel. Eine Wissenschaft sollte meines Erachtens imstande sein, Grundbegriffe klar zu definieren. Ich mache nun einen Vorschlag zu einer Unterscheidung zwischen «Psyche» und «Seele». Dabei hilft der Blick auf die Bewusstseinsevolution. Ich beginne mit der Bestimmung des Begriffs «Seele» auf den drei Stufen.

«Seele» auf Stufe 1

In archaisch-mythisch geprägten Gesellschaften gestaltet die *Religion* die für das Kollektiv verbindliche Beziehung zwischen Ich und Selbst (archaisch: Mensch und Gott). Sie besitzt das Monopol dafür. Ihr obliegt die Seelsorge: Sie sorgt dafür, dass die

Seele ihren Weg in die himmlische Seligkeit findet. Wer die kollektiv verbindlichen religiösen Vorschriften beachtet, muss keine Angst haben vor dem Jüngsten Gericht. Er darf darauf vertrauen, dass er nicht ins Höllenfeuer geworfen, sondern in die Freuden des Himmels eingehen wird (der Eingang in die ewige Seligkeit kann durch einen Aufenthalt im Fegefeuer verzögert werden; dieser lässt sich durch kirchliche Riten verkürzen).

Das ist die Ansicht vom Weg der Seele zu Gott auf Stufe 1. Die archaisch-mythische Vorstellung zerfällt hierzulande zusehends, zwar langsam, aber unaufhaltsam und irreversibel. Die Institutionen, die einst für das Seelenheil zuständig waren, entvölkern sich. Ihnen droht eine weltweite Implosion. Die Religion wird von individueller Spiritualität abgelöst werden. Diesem Prozess liegt die Bewusstseinsevolution zugrunde, und diese folgt einem Naturgesetz.

«Seele» auf Stufe 2

Da der Positivismus die innere Wahrnehmung verdrängt und eine «Psychologie ohne Seele» hervorbringt, hat er zur Neudefinition der Seele nichts beizutragen.

«Seele» auf Stufe 3

Was wird nun aus der Seele auf Stufe 3? Jung versuchte einmal, in einer Sternstunde, «Seele» *wissenschaftlich-empirisch* zu definieren als jenen Teil des Bewusstseins, der sich nach innen wendet (Jung, GW 6, § 877f.). Anette Müller führt aus: «Mit ‹Seele› bezeichnete Jung einen abgegrenzten Funktionskomplex des Bewusstseins, nämlich den, der sich den psychischen Innenvorgängen zuwendet, im Gegensatz zur Persona, die sich am äußeren Objekt orientiert» (Müller, 2003, 375).

Indem Jung das Phänomen «Seele» tiefenpsychologisch anging, störte er den akademischen Frieden. Dieser bestand im Übereinkommen, dass die Fakultäten – in diesem Fall die Theologie und die Tiefenpsychologie – einander nicht ins Handwerk pfuschen sollten. Jung hielt sich nicht daran. Er spielte den Prometheus, der den Himmel (die göttliche Religion) bestahl und das Diebesgut (die Seele) den Sterblichen (der weltlichen Tiefenpsychologie) zuspielte. Mit diesem Frevel - der Säkularisierung der Seele - wollte er die Religion aber nicht vernichten, wie Freud, sondern durch zeitgemäße Religiosität ersetzen. Zu Ende gedacht, entsteht aus seinem genialen Einfall folgende Modell-Vorstellung (Abb. 16):

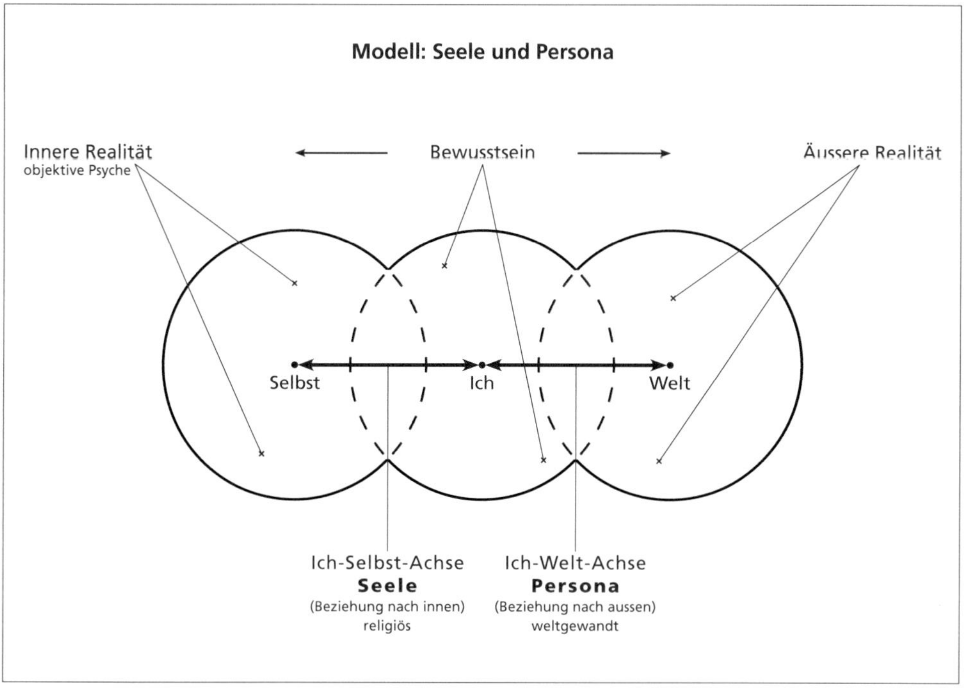

Abbildung 16: Seele und Persona

Die Rolle des Prometheus sagte Jung aber nicht lange zu. Wurde ihm vielleicht mulmig zumute, weil er daran dachte, dass Prometheus wegen seines Frevels an einen Felsen im Kaukasus geschmiedet wurde, wo ihm ein Adler ständig an der Leber fraß? Spaß beiseite! Jung ließ seinen genialen Einfall aus einem anderen Grund fallen, weil er nämlich glaubte, die Seele gehe nach dem Tod des Fleisches in die ewige Herrlichkeit des Geistes ein.

Wenn dem so ist, kann «Seele» nicht säkular definiert werden; dann steckt mehr dahinter als nur ein «abgegrenzter Funktionskomplex des Bewusstseins».

Wenn wir Jungs Einfall konsequent zu Ende denken, gerät die Seele in den Prozess einer Metamorphose: Phase 1 → 3.

Verband die Seele während Phase 1 das todgeweihte Leben im «Fleisch» mit der ewigen Seligkeit im «Geist», so bildet sie auf Stufe 3 die Brücke zwischen Ich und Selbst. Nun verbindet sie den subjektiven mit dem objektiven Geist, das evolutionsgeschichtlich junge Bewusstsein mit dem uralten Unbewussten. Sie lebt von der Wende nach innen und macht die objektive Psyche bewusst. Dadurch lernt das Ich, sich an die Gegebenheiten der ihm vorerst unbewussten Innenwelt anzupassen. Sie besteht aus den bewusst werdenden Inhalten der unbewussten, phylogenetisch entstandenen Psyche. Sie entsteht durch die bewusste Wende nach innen. Sie ist nun kein selbstständiges «Wesen» mehr, sondern jener Teil des Ich, der sich nach innen wendet.

Auf der andern Seite lernt das Ich durch die Wende nach außen (Freuds Realitätsprinzip) die äußere Welt kennen und kann sich so an die Gegebenheiten der ihm vorerst unbewussten Außenwelt anpassen. Dabei entsteht die Persona.

So wenig sich jemand ohne Persona in seiner Umwelt zurecht findet, so wenig findet er sich ohne Seele in seiner Innenwelt zurecht. Wie die Persona eines Menschen verkümmert, wenn er sich um die Beziehung zu seiner Umgebung futiert, so verkümmert die Seele, wenn der Mensch sein Innenleben nicht pflegt. «Außen fix, innen nix!» Wer seine Seele vernachlässigt, verfällt dem Sog der Persona. Seelische Atrophie wird in der Regel mit einer Hypertrophie der Persona kompensiert. Umgekehrt darf man hinter einer perfekten Persona eine vernachlässigte Seele vermuten (bzw. ein Ich, das die Introversion vernachlässigt).

Einst warnte die Religion, nicht der «Welt mit ihrem Tand» zu verfallen: «Trachtet nicht nach den Schätzen der Welt, sondern nach dem Himmelreich» (Matth. 6_{33})! Oder Mk. 8_{36}: «Was hülfe es dem Menschen, wenn er die ganze Welt gewönne, und nähme Schaden an seiner Seele!» Der reiche

Kornbauer, der all seine Energie in die äußere Welt investiert, stirbt plötzlich. Dann wird ihm die Rechnung präsentiert: «Alles für die Katz'!» Er hat nun nicht nur nichts von seinem Geld, sondern kommt obendrein in die Hölle, weil er die Pflege seiner Seele vernachlässigte. Das hat er nun davon! Wer nur «Schätze dieser Welt» sammelt und nicht reich ist vor Gott, endet dort, wo Heulen und Zähneklappern herrschen (Luk. $12_{16\text{ ff.}}$)!

Die Bibel legt den Finger auf einen wunden Punkt; doch ihr Weltbild ist hierzulande überholt.

«Seele» ist auf Stufe 3 jener Teil des Bewusstseins, der die Psyche erforscht. Das «Auge der Seele» späht nach innen; das «Ohr der Seele» lauscht nach innen. In Träumen, Visionen, Ahnungen, Intuitionen und Eingebungen erhält das Ich dank seinem Vermögen der Introspektion Anteil am inneren Leben des Menschen.

Die Alten personifizierten die Seele und machten daraus ein Wesen, das zwischen Himmel und Erde hin und her fliegt.

Die wahre Heimat der Seele ist auf Stufe 3 nicht mehr das außen, sondern das innen gelegene Jenseits. Nun führt die Wende nach innen zum Heil. Der Mensch muss nicht mehr in den Himmel kommen wie auf Stufe 1, sondern zu sich selbst, in die tieferen Schichten der Psyche. Dabei hilft ihm die Introversion.

Jung konnte seine Neudefinition des Begriffs «Seele» nicht konsequent zu Ende denken, weil er die Mutation des Bewusstseins (die Obrist erst nach Jungs Tod entdeckte) nicht klar erfasste. Die epochale Bedeutung der Entdeckung des Selbst realisierte er nicht. Etwas zu entdecken und die volle Bedeutung der Entdeckung zu erkennen, sind verschiedene Dinge. Jung war ein Forscher; der Antrieb, dem er folgte, entstammte dem Unbewussten. Darum konnte er etwas entdecken, ohne die Konsequenzen der Entdeckung zu überblicken. Die Bewusstseinsevolution ist im Selbst, nicht im Ich verwurzelt.

«Seele» und «Psyche»

Die Neudefinition der Seele auf Stufe 3 erlaubt eine einfache Unterscheidung von *Seele* und *Psyche.* Der Begriff «Seele» meint auf Stufe 3 die Brücke zwischen Ich und Selbst. Der Begriff

«Psyche» hingegen bezeichnet den objektiven, naturgewachsenen unbewussten Geist im Menschen, der sich im Verlauf der Phylogenese aus einfachsten Vorformen zu einem höchst komplexen kognitiven System mit Bewusstsein entwickelte. Dieses System ist im Selbst zentriert. Die Seele verbindet uns mit der Psyche; diese verbindet uns mit unseren Vorfahren aus dem Tierreich.

2. Tiefenpsychologie und Politik

Die Entdeckungen der Archetypen, des Selbst und der Bewusstseinsevolution sind nicht nur für die Begründung eines neuen Menschenbildes und die Zukunft der Religionen von Bedeutung; sie haben auch politische Konsequenzen.

Zwei davon sollen nun skizziert werden.

1. Gesundheitspolitische Konsequenzen

Dem Gesundheitswesen macht zurzeit die Kostenexplosion schwer zu schaffen. Mit allen möglichen Verwaltungstricks wird versucht, diese in den Griff zu bekommen. Man erkennt nicht, dass die Hauptursache der Kostenexplosion nicht auf der Ebene der Verwaltung liegt, sondern darin, dass das Gesundheitswesen auf die Heilung von Krankheiten fixiert ist anstatt auf die Förderung der Gesundheit. Das Gesundheitswesen müsste eigentlich «Krankheitswesen» heißen.

Wenn die Gesundheit effizient gefördert würde, gäbe es weniger Krankheiten. Doch wie kann man Krankheiten vorbeugen? Die effizienteste Gesundheitsförderung ist die Kooperation von Ich und Selbst. Das Gesundheitswesen ist nicht mittels administrativer Schreibtisch-Operationen zu retten, sondern durch die Pflege der «Ich-Selbst-Achse» (ein Begriff, den Erich Neumann eingeführt hat): durch eine zeitgemäße, individuelle Spiritualität. Das ist die Lösung des Problems der Kostenexplosion im Gesundheitswesen.

Bis sich das herumgesprochen hat, dürften allerdings noch etliche Jahrzehnte verstreichen. Aber irgend einmal wird der Groschen fallen, und dann wird die Pflege der natürlichen Spiritualität öffentlich unterstützt werden, und die öffentliche Hand wird das Kerngeschäft der Religion übernehmen. Das Gesundheitswesen wird eine Abteilung für säkulare Spiritualität errichten und Psychagogen ausbilden, die in der Lage sind, der Bevölkerung das nötige Know-how bei der Erarbeitung einer individuellen Spiritualität zu vermitteln. Das ist ein Projekt, das am Anfang Einiges kostet, aber auf die Dauer rentiert.

Die öffentliche Förderung des Individuationsprozesses wird das Tabu von Phase 2 brechen, wonach Staat und Religion strikt zu trennen seien. Mit der Förderung der natürlichen Spiritualität wird der Staat aber nichts grundlegend Neues in Angriff nehmen, sondern nur konsequent fortsetzen, was er in den letzten Jahrhunderten bereits tat. Er übernahm nämlich laufend Ressorts, die einst zur Domäne der Kirche gehörten. So verleibte er sich das Bildungs- und Gesundheitswesen ein, die Sozialfürsorge und die Förderung der Künste. Alle diese Bereiche der Gesellschaft wurden nach und nach säkularisiert. Heute und hierzulande sind Lehrerinnen und Lehrer nicht mehr fromme Nonnen und Mönche; Spitäler sind nicht mehr klösterliche Hospize; der Sozialdienst untersteht nicht mehr der Kirche, und die Künstler sind keine frommen Maler, Bildhauer oder Musiker mehr.

Die Förderung einer zeitgemäßen Spiritualität samt deren Qualitätssicherung ist im Rahmen eines demokratisch geführten Gesundheitswesens eine Sache, die nicht nur die Staatsfinanzen saniert, sondern auch die Ethik fördert, die Phase 2 ruiniert.

Bis diese Utopie mehrheitsfähig und institutionalisiert sein wird, wird allerdings noch viel Wasser den Rhein und die andern Ströme der Welt hinunter fließen.

2. *Weltpolitische Konsequenzen*

1912 wies Jung nach, dass *Homo sapiens* überall auf der Welt im Grund derselbe ist; seine archetypischen Verhaltensmuster und geistigen Vorstellungsmuster sind global dieselben. Die Jungsche Psychologie ist völkerverbindend.

Die Entdeckung der Bewusstseinsevolution durch Obrist führt noch einen Schritt weiter; sie zeigt, dass die Entwicklung des menschlichen Geistes überall denselben Grundgesetzen folgt: Phase 1 → 2 → 3. Der Prozess führt vom theokratischen Gottesrecht zum modernen Menschenrecht, von der Monarchie zur Demokratie, von der kollektiven Sklaverei im Altertum zur Freiheit und zum modernen Selbstbestimmungsrecht des Einzelnen. Damit sind die Menschenrechte der UNO naturwissenschaftlich verankert. Sie entstammen dem Drang der Evolution nach Bewusstwerdung und beanspruchen universale Gültigkeit. Um sie effizient zu fördern, braucht es eine zentrale, föderalistisch organisierte Führungsinstanz, wie sie die Weltföderalisten fordern (www. weltfoederalisten.ch).

Insbesondere ist die UNESCO auszubauen. Eine ihrer Hauptaufgabe ist die Förderung und Koordination der Bewusstseinsevolution - eine Aufklärungskampagne sondergleichen! Diese ist nicht per Dekret und noch weniger mit Waffengewalt durchzusetzen; das Ziel wird nur durch persönliches Engagement erreicht. Öffentliche Deklarationen können jahrhundertealte kollektive Strukturen und tief eingefleischte Verhaltens- und Denkmuster niemals verändern; dazu braucht es die Begegnung von Mensch zu Mensch.

In den Entwicklungsländern müssen junge Mütter für die Bewusstseinsevolution gewonnen werden. Wenn es nicht gelingt, die Kinder gemäß dem logogenetischen Gesetz von Stufe 1 bis 3 zu erziehen, werden sich die Menschenrechte nie umsetzen lassen. Frei nach Gottfried Keller (1819–1890): «In der Kinderstube muss beginnen, was leuchten soll in der Welt!» Das Geld, das die vielen Armeen in Entwicklungsländern ohne persönliche Kontakte zu den dort lebenden Menschen verpulvern, würde längst ausreichen, die Bewusstseinsevolution in diesen Ländern effizient zu fördern. Zudem wäre der Einsatz für die Förderung der Bewusstseinsevolution sinnvoller als die Vernichtung militärischer Feinde.

Eine föderalistische Organisation der Menschheit ruft nach einer *Einheitssprache* und *einheitlichen Zeitrechnung*. Linguistische Fachkräften aus aller Welt müssen (nach demokratischen Grundsätzen) eine Menschheitssprache schaffen, die in angemessenem

Umfang Anteile aus allen Sprachen der Welt enthält. Diese Weltsprache wird die verschiedenen Muttersprachen nicht ersetzen, wohl aber ergänzen. In Zukunft muss jeder Weltbürger nur noch zwei Sprachen lernen, seine Muttersprache und die Weltsprache.

Die globale Einführung der Weltsprache ist der ideale Zeitpunkt für die Einführung einer neuen Zeitrechnung. Grund für ein globales Fest zu Ehren des Jahres Null!

Die heutigen Zeitrechnungen sind alle archaisch-mythisch begründet: Die jüdische beginnt mit der Erschaffung der Welt durch Jahwe in sechs Tagen vor bald sechstausend Jahren (genau: mit dem Jahr 3761 v. Chr.); die buddhistische setzt beim Tod des Erhabenen ein (483 v. Chr.); die muslimische zählt die Jahre seit dem Sieg von Allahs Prophet Mohammed über die Gottesfeinde (622), und die christliche, die zurzeit vorherrscht, geht auf die Geburt Jesu Christi zurück, des einzigen Sohnes Gottes, geboren aus Maria der Jungfrau, wahrer Mensch und wahrer Gott, gestorben am Kreuz zur Erlösung derer, die an ihn glauben.

Der Psychiater und Philosoph Karl Jaspers (1883-1946) ersetzte die buddhistische, jüdische, christliche und muslimische Zeitrechnung – Achsen der Weltgeschichte! – durch die interkulturell gültige «Achsenzeit» der antiken Hochkulturen (7.-5. Jh. v. Chr.).

Seine Achsenzeit entspricht in manchem dem Schritt von Phase 1a zu Phase 1b in der Bewusstseinsevolution nach Obrist. Der Beginn von Phase 3 ist aber eine tiefergreifende Revolution als der von Phase 1b! Obrist bezeichnet ihn nicht umsonst als «Mutation des Bewusstseins». Wenn er die Achse ist, um die sich die Weltgeschichte dreht, dann leben wir heute in einem Jahrhundert vor dem Jahr Null ...

Mit dieser utopischen Skizze will ich darauf hinweisen, dass die Tiefenpsychologie nicht nur der Pflege des privaten Seelengärtleins frönt, sondern auch das Tor zu einem neuen Äon öffnet. Sie lebt am Puls der Evolution.

Verwendete und weiterführende Literatur

Bair, D. (2005): C. G. Jung. Eine Biografie. München: Knaus.

Franz, von, M.-L. (19877): Der Individuationsprozess. In: Jung, C. G.: Der Mensch und seine Symbole. Olten: Walter, S. 158–229.

Freud, S. (1969 ff.) Gesammelte Werke. Frankfurt: Fischer.

Gschwend, G. (1990): Archetypen. Schweiz. Ärztezeitung, Bd. 71, Heft 44.

Jaffé, A., Jung, C. G. (1962): Erinnerungen, Träume, Gedanken von C. G. Jung. Zürich: Rascher. Neuauflagen Düsseldorf: Walter.

Jung, C. G. (1971 ff.): Gesammelte Werke. Olten: Walter.

Jung, C. G. (1975): 100 Briefe. Olten: Walter-Verlag.

Kaufmann, R. (2006): Alte und neue Religiosität. Stuttgart: opus-magnum.

Kaufmann, U. (2004): Die Eulen-Frau. Frankfurt/Main: R. G. Fischer.

Köberle, A. (1984): Das geheimnisvolle Reich der Seele. Freiburg: Herder.

Müller, A. u. L. (2003): Wörterbuch der Analytischen Psychologie. Düsseldorf: Patmos.

Mertens, W. (2004): Was Freud und Jung nicht zu hoffen wagten. Gießen: Psychosozial.

Neumann, E.: (1949): Ursprungsgeschichte des Bewusstseins. Zürich: Rascher. Neuauflagen Düsseldorf: Patmos.

Neumann, E. (1956): Die große Mutter. Zürich: Rhein. Neuauflagen Olten: Walter.

Obrist, W. (1980): Die Mutation des Bewusstseins. Bern: Peter Lang.

Obrist, W. (2006): Die Mutation des europäischen Bewusstseins. Einführung ins Werk von Willy Obrist. Stuttgart: opus magnum.

Obrist, W. (2009a): Religiosität ohne Religion. Stuttgart: opus magnum.

Obrist, W. (2009b): Tiefenpsychologie und Theologie. Stuttgart: opus magnum.